U0644873

佛教与青年

星云大师 著

生活·讀書·新知 三联书店

图书在版编目(CIP)数据

佛教与青年/星云大师著. —北京:生活·读书·新知三联书店，
2015.4
（星云大师演讲集）
ISBN 978 - 7 - 108 - 05247 - 6

Ⅰ.①佛…　Ⅱ.①星…　Ⅲ.①佛教—通俗读物　Ⅳ.①B94 - 49

中国版本图书馆 CIP 数据核字(2015)第 017169 号

责任编辑　麻俊生
封面设计　储　平
责任印制　卢　岳　张雅丽
出版发行　生活·讀書·新知　三联书店
　　　　　（北京市东城区美术馆东街 22 号）
邮　　编　100010
印　　刷　北京市松源印刷有限公司
版　　次　2015 年 4 月北京第 1 版
　　　　　2015 年 4 月北京第 1 次印刷
开　　本　880 毫米×1230 毫米　1/32　印张　7.625
字　　数　164 千字
印　　数　0,001—8,000 册
定　　价　28.00 元

总序　人间佛教正法久住

　　我们生活在人间，人间有男女老少，人间有五欲六尘，人间有生老病死，人间有悲欢离合。在缺憾的世间，我们如何获得欢喜自在？如何发挥生命的价值？如何拥有安乐的生活？这是我们所要探讨的课题。

　　佛陀降诞人间，示教利喜，为人间开启了光明与希望；佛陀依五乘佛法，建立了"五戒十善""中道缘起""因缘果报""四无量心""六度四摄"等人间佛教的基本思想。

　　为了适应时代的发展，我们创办文化、教育、慈善等事业，提出"传统与现代融和""僧众与信众共有""修持与慧解并重""佛教与艺文合一"等弘法方向。多年来，以"佛法为体、世学为用"作为宗旨，人间佛教渐渐蔚然有成，欣见大家高举人间佛教的旗帜，纷纷走出山林，投入社会公益活动，实践佛教慈悲利他的本怀。

2004年，我曾在香港和台北作例行的年度"佛学讲座"，三天的讲题分别为"佛教的生命学""佛教的生死学""佛教的生活学"。我言：生命为"体"，作为本体的生命，是不增不减、永恒存在、绝对、无限、正常的；生死为"相"，每个生命所显露的现象，是有生有灭、变化无常、相对、有限、非常的；生活是"用"，生命从生到死，其中的食衣住行、言行举止、身心活动等等，无一不是生命的作用。因此，体、相、用，三者密不可分。我们既来到世间生活，就有生命，有生命就有生死，三者是一体的，其关系极为密切。因此，整个人间佛教可以说就是"生命学""生死学""生活学"。

之后，我在世界各地演讲《人间佛教的戒、定、慧三学》。所谓戒定慧，有谓由戒生定，由定发慧，由慧趣入解脱，是学佛的次第；在人间生活，更需要断除烦恼才能获得究竟的妙智，才能自在悠游于人间！

1949年，我从中国大陆来到台湾之后，为了适应广大民众的需求，毅然采取面对面的讲说弘法。从宜兰乡村的弘法，到城市各处的聚会；从监狱的开示，到工厂的布教。1975年，在台北艺术馆举行佛学讲座，首开在"国家会堂"演讲佛学之风。接下来，我弘法的脚步，由北至南，由西至东，从学校到部队，从岛内到岛外。近二十年来，随着弘法的国际化，我更是终年在世界各地云水行脚，奔波结缘。

演讲的对象，有一般男女老少的信众，也有大专青年、企业界精英、教师、警察等特定对象。讲说的内容更是包罗万象，经典方面有《六祖坛经》《金刚经》《维摩诘经》《法华经》等，也讲说佛教的义理、特质与现代生活的种种关系，以及佛教对社会、政治、伦理、经济、心理、民俗、命运、神通、知见、因缘、轮回、死亡、涅槃等各种问题的看法。

三十年前，佛光山的弟子们将我历年来演讲的内容，陆续结集成书，并定名为《星云大师演讲集》丛书，二十多年来不知再版了多少次！许多读者将此套书视为认识佛教、研究佛学必读之书，也有不少出家、在家弟子，以此演讲集作为讲经说法的教材。

这套演讲集已缺书好一段时间，不时有人频频询问、催促再版。我重新翻阅，觉得此套演讲集讲说时隔近三十年，抚今追昔，虽然佛法真理不变，人心善美依然；环境变迁有之，人事递嬗有之。因此，决定将此书全新改版，去除与现今社会略微差异之处，重新校正、修订、增删，并依内容性质，分类为《佛光与教团》《佛教与生活》《佛法与义理》《人生与社会》《禅学与净土》《宗教与体验》《人间与实践》《佛教与青年》等册，总字数百余万字。为保存、珍重历史，同时又为方便后人参考、查询，我将演讲的时间、地点记于每篇文章之后。

我出家已超过一甲子，毕生竭力于人间佛教的弘扬与实践，主要是希望全世界各族群能相互尊重，人我能相互包容，社会彼此和谐进步。这套演讲集是为我初期弘法历程，以及一以贯之的人间佛教思想理念的鲜明见证。

出版在即，为文略说弘法因缘，并以心香一瓣祝祷人间佛教正法久住，所有众生皆能身心自在，共生吉祥。

星云　于佛光山法堂

目 录

佛教青年成功立业之道（一）

今日的佛教青年，应该从信愿中来增进道念，
来为佛教创造一番轰轰烈烈的事业。

身为佛教青年应该有无限的希望，无限的未来。以下分为几点来说明佛教青年未来的成功立业之道。

一、从奉献中获得快乐

我们希望未来的前途能够成功，首先要养成一种观念：从奉献中获得快乐。一般社会人士，是从贪婪欲望中去追求快乐，从个己自私中去占有快乐，从物质享受中去寻找快乐；佛教青年与社会上一般青年不同的是从奉献中去获得快乐。

以前在朝山会馆，有一位柜台小姐曾淑芳，她毕业于天主教所办的文藻外语学校。我问她："你受天主教学校的教育，现在接触了佛教，有什么感想？来到这里服务，对佛教有没有信念？"她说："我没有信奉天主教，来到这里之后，我很喜欢佛教。不过，我从天主教里得到一个启示，神父、修女们都很重视奉献，他们对人生充

满着乐观，而他们的乐观是从奉献中获得的。"由这段话，我们知道"奉献"的观念在各种宗教中的地位。想获得内心真正的平衡，一定要扫除自私自利的观念，净化自己的身心，变化自己的气质，庄严自己的思想，使我们从奉献中获得快乐。今日的佛教徒，讲究个己私利的人太多，为教奉献的人太少。因此，我们进入佛门，应该抱有"色身交给常住，性命付予众生"的观念，把自己奉献给佛教，奉献给一切众生。奉献不是没有所获，奉献以后，在无私、无我、无执的情况下，所能获得的将会更多。

佛光山的道风，非常注重"奉献"，可以从我们所办的一切事业说起，如养老、育幼、大专夏令营、松鹤楼老人公寓、佛学讲座、仁爱之家、佛光诊所、僧伽福利基金……无不是抱着"但愿众生获得安乐，不为自己贪求利益"的精神来做的。同时，"奉献"更有助于佛法的推展，有助于心灵的升华。

青年守则说"助人为快乐之本"，在佛教里，"奉献也是快乐之本"；一个宗教徒若不懂得奉献，是无法了解宗教本怀的。孙中山先生曾说"佛教以牺牲为主义"，牺牲就是奉献。如果我们想把握住佛教的基本精神，就要从奉献着手。

那么我们有什么东西可以奉献给别人？我们可以贡献智慧给大家、为大众服务；如果智慧、能力不够，怎么办呢？佛教有一修行法门——随喜赞叹，比如说看到别人成功了，能生起随喜之心，给人一句赞美的话，或是给人一个笑容，点一个头，布施给人快乐，这些都可以算是奉献。

所以，奉献不一定是物质上的给予，而是付出一片真诚的心。我们对于救度众生的事，要有"舍我其谁"的担当气魄，对待朋友、师长、父母，也要有一片至诚恳切的真心，对于所信仰的宗教，更是要有一片智慧的信心；所谓奉献，不外奉献我们一颗真诚清净的悲心，这是最宝贵的。希望佛教的青年们，都能养成不贪求个人私欲，发心为众的奉献精神。

二、从勤奋中打发时间

一天有 24 小时，一生也有六七十年的岁月。在这漫长的人生里，如何打发时间，是个很重要的课题。社会上一般人，用吃、喝、玩乐打发时间，打牌、赌博，或做无聊、没有意义的事，来消磨岁月。有为的青年，应该从勤劳奋发中去打发时间。

高雄有一位公司的董事长告诉我，他说："以我现有的财产，即使一天用 10 万元，活了 100 年，也用不完。我有很多钱，可是我还在工作，我是贪得无厌吗？不是的，我是以做事业来打发时间。"他的这段话，说明一个人唯有在工作里，生命才有办法安住，人也才活得有意义。没有工作是很无聊乏味的。他又说："我的钱虽然很多，但是自奉甚俭，我不抽烟，不喝酒，不去娱乐场所。下班回家，就是一杯清茶，看看报纸，如此而已，一天过去，第二天又带着饱满的精神开始工作。"由此可知，社会上一些成功的企业家，他们之所以能够成功，绝不是从安逸享受中得来，而是从不停地勤劳奋斗中获得的。

佛教也讲求奋斗，讲求进取。六波罗蜜中，有精进波罗蜜，是菩萨成佛的六种重要法门之一，在佛经里有关勉励精进的故事相当多。如我们的教主佛陀成道的经历，就是精进的最佳事例。据说弥勒菩萨比佛陀早学佛，但佛陀修行精进猛烈，直接从难行道起步，而弥勒由易行道下手，因此佛陀的精进力与勇猛心，超过弥勒的境界，终于先而成佛。佛陀的这个事例，实在是我们佛子的最佳典范。

佛光山丛林学院的学生，每个人都要轮流打扫、典座、出坡、劳动服务，这样的安排，具有特殊的积极意义，我们希望学生的生活，用工作来充实，从工作中去修道、去体会，发挥生命的力量与生命的价值。关于这一点，凡是对教育有认识的人，都称赞说："这样的教育，才契合新生活教育。"不过，学院教育方针虽然如此，若不带着欢喜心去从事工作，不带着认真的态度去奋发图强，也是枉然的。俗话说："各人吃饭各人饱，各人生死各人了。"我们必须从勤劳奋斗中去创造自己的光明，从勤劳奋发中去完成自己的理想。

如极乐世界是阿弥陀佛发愿庄严的；凄苦的地狱，是地藏菩萨教化的道场。我们也可以把一切工作，当作磨练自己身心的机会，让我们的生命活得最有意义，让我们的生命能有最充实的内容，虽然人一生的时间才几十年，但是我们可以利用短暂的生命，来完成具有无限价值的事业。

三、从忍辱中培养品德

人之所以异于禽兽，就是能注重人格道德，品格是道德的基础，一个人若对于品格、德行都不注重，那和禽兽又有何差别？培养我们品格道德的方法很多，比方说，我们可以奉持戒律，从戒律中培养我们的品格；我们可以实践佛教的修行法门如念佛、参禅，从念佛参禅中培养我们的道德。佛教讲慈悲喜舍，我们也可以从慈悲喜舍中培养我们的人格道德。而要培养我们的人格道德，最有力最有帮助的,还是"忍辱"。

据《菩萨戒经》所载,佛陀在过去修行的时候,曾经被 500 位"健骂丈夫"追逐恶骂,不论佛陀走到哪里,他们就跟着骂到哪里,而佛陀的态度是"未曾于彼起微恨心,常兴慈救而用观察"。因为这样忍辱、精进的修持,终于使佛陀证得无上菩提。可见忍辱不只是培养世人的品格,也是修学成佛的重要法门。

现在的青年,逞一时匹夫之勇,可以为一件小事而拔刀相向;为一句闲话,往往放在心里久久不能消除,学佛学到最后,还是像苏东坡一样,被"一屁打过江"。如果没有忍辱的功夫,无论修持、做事都不易达到理想。一句闲话,也要计较,一点小小折磨,就受不了,这种没有力量应付环境的佛教青年,是不能担当任务和创造事业的。

佛陀说:"学道的人,如果不能忍受辱骂,对恶毒攻击不能如饮甘露,即不能算是学道的人。""忍"这个字的构造是心上一把刀,由此可看出忍耐的意义。一个人平时生活里,若不培养忍耐的力量,没有很好的修养,不要说一把刀插在心上受不了,就是一块刀片割破一点脚皮,也会受不了而哇哇叫了。

孟子说:"天将降大任于斯人也,必先苦其心志,劳其筋骨,饿其体肤,空乏其身,行拂乱其所为。"如果我们要为未来的佛教、未来的众生担当重责的话,必须先学忍耐;忍耐的力量有多大,将来事业的成就便有多大。事实上,能忍的人,并不是懦夫,反之,忍是勇敢的、是有力量的。忍是一种牺牲,是一种定力,能培养这种定力和牺牲的精神,才能增长品德,未来的事业也才能成功。

我们看近代的太虚大师,他一生遭受别人不断的打击、诽谤与压制，甚至被讥斥为政治和尚，但是他从不与那些人计较，只是一心一意为复兴中国佛教而努力。如果太虚大师对每次外来的侮辱都计较，也不可能成就那么大的佛教事业；不只是太虚大师，大肚能容的慈航大师，与世无争的印顺大师，他们的一生也曾受到不少的侮辱与误解，但是他们都默默地承受下来。这些事例，都可以做我们佛教青年的榜样。

我们要把一切外来的横逆与侮辱，都当成学道中的增上缘，不要只求在顺境里一帆风顺；顺境固然可以成就我们，逆境也可以考验我们。有勇气、有能力的人，应该经得起狂风暴雨的吹打，应该抵得住一切魔障的攻击破坏。荣辱毁誉来时要忍得住、耐得住，这样才合乎佛教青年的标准。

四、从苦行中激励精神

佛教对极端的苦行虽不苟同，但对于适度的勤苦，也认为是祛除烦恼、舍离贪着的方便法门。因此，佛陀对某些弟子们的头陀行，不但没有呵止，反而加以鼓励。现在佛教界中，肯吃苦的人实在太少，这也是佛教不能兴盛的原因之一。以前太虚大师在四川汉藏教理院的时候，当时考试院院长戴季陶曾建议大师找一个深山名刹，集合一群佛教青年，从事苦行的实践，以便为佛教建立万年的根基。戴季陶的这种建议，确是有感而发的。

当然，我们体认佛法，不一定从苦行中去求得，不过苦行可以磨炼、激励自己的精神。一个人，恒处在安逸幸福的环境中，从未经过风吹雨打和波浪的冲击，这样的人生是经不起考验的。养深积厚，成就必高。现代的佛教青年，更应该用吃苦来磨炼自己。

如何吃苦？过午不食？每天只管打坐？不问世事？还是每天不停地劳动。其实，苦行的意义，主要在训练自己的精神。自我鞭策，自我发心才能符合苦行的真义。如果受命令驱使，在逼迫、约束下才去做，就失去意义了。至于发心以后，如何实践的问题，我举例来说明。比方说，吃东西会挑三拣四，应想一想"埃塞俄比亚的难民常受饥饿，我每日三餐饱足，还有什么不满足呢？"如此在饮食上养成节制，不挑剔的习惯。还有，在物质上力求淡泊，譬如买衣服、买手表，不一定非精致、名牌不可，只要能穿、能用就可以了。如果对于物质欲望不能克制，而不时地增长自己的物欲，那么任何苦修，实际上是没有效果的。能够做到不为物欲所驱使，才真正具备修苦行的心理基础。

以前，闽南佛学院有一位智藏法师，他 16 岁进入闽南佛学院时，还不识字，但是到了 22 岁却成为《海潮音》的主编。只有 6 年的时间，他的智慧从哪里来的？事实上，他并不是只顾念书，什么事都不做。他打扫厕所，不用扫帚，用手去擦去抠；凡是水沟没有人通的，苦事没有人做的，他都自己来，他本性中就希望自己刻苦勤劳。养成了这种吃苦的习性，培植福德之后，再去读书，当然会比别人更快收到成果。耐得起岁寒的是松柏，耐得起苦行的人，将来才能成为栋梁之才。

五、从随缘中处理生活

太虚大师在他的自传里曾说，他并不是从小就计划要开创什么佛教大事业的，他的一切事业，只是随缘地发心为佛教奋斗，随缘地办佛教教育，随缘地写文章、出版杂志，他也是在随缘里认识了党政各界中护持佛法的人。他说："偶然的关系，我与许多革命人物的思想接近了，遂于革命燃起了奉献的热情……偶然与若干信徒相遇，遂组觉社，以著书讲学的另一姿态出现。"太虚大师的事业，一切都是随缘而成功的。

随缘，并不是没有原则、没有个性、没有立场，今天跟随这个，明天跟随那个，拿不定主意。所谓"随缘"，是指在佛法、道业、修行、工作上，只要有好的事，我都应随心随力去做；只要合乎我的理想，是我曾经计划过的，我便随缘去做。生活上的一切都是为了佛教、为了众生，只要是好的事，我怎能不为佛教、不为大众而随缘呢？"随缘消旧业，莫再造新殃"，从随缘中建立新的修行，从随缘中去处理新的事情，这才叫作随缘。

有的人，养成一些生活习惯，一定要睡高广大床，一定要热水才能洗澡，要喝牛奶才能滋补身体，吃水果才能消除火气，这样就不叫作随缘。随缘是"随喜他人而克制自己，是随善随好的"。在生活里，我们应该提倡随缘的合群生活，这才是佛法正觉的生活。弘一大师很随缘，他认为世间上没有什么不好的东西，一切都好，但是他个人的生活却很严谨，可说随缘中有严谨；随缘而不失去自己的原则，不随俗浮靡，才是随缘的真义。

六、从信愿中增进道念

过去有一个人，对佛学缺乏深刻的认识，对世俗的学问也没有十分的精通，但是一接触到唯物主义的书，就认为佛教一文不值，非得全盘革除不可，于是写了一封信给太虚大师，大谈佛教改革。我们知道，太虚大师是提倡改革佛教最有力的一代大师。太虚大师告诉他："我之所以提倡革新佛教，是从我对佛法的信愿中体验出来的，是我钻研过中西哲学、社会世学之后，觉得佛学最好而极力倡导的，绝对不是盲目改革的。"

太虚大师所以有改革佛教的意向，是因为他认为佛教很好，但还可以更好，从他对佛法的信愿中，培养坚定的道念，因此奋身而起，要为佛法创一番事业；唯有对佛法充满信愿的人，才够资格谈革新佛教。

因此，希望佛教的青年们，能培养对佛法的信心，增进自己对佛教的愿力，学习过去的诸佛菩萨，发种种大愿，从对三宝、对众生的信心中来增强自己的道念，道念是我们的根本，好比一棵树有了根，将来枝枝叶叶才能茂盛起来。有了信愿，才能以佛法来化导世界，教化众生；有了道念，才能转化外道和世间，而不会被外道世间所转。今日的佛教青年，应该从信愿中来增进道念，来为佛教创造一番轰轰烈烈的事业。

1976 年 6 月讲于佛光山"中国佛教研究院"

佛教青年成功立业之道（二）

佛教青年不同于一般世俗青年，要有远大的志向。
佛教青年是为学人间菩萨道而来的，
所以应该努力实践人间菩萨的理想。

一、从发心中担当责任

佛教青年时常说要"发心"，但是很少听到要担当"责任"，也不明白责任的重要。因此，"发心"往往只有五分钟热度，而无法坚持与贯彻自己的发心。我们应当把发心所做的一切，视为理所当然、必须担当的一种责任。

除了"发心"，进一步更要了解"责任"的重要；例如船只遭遇海难，船即将沉没，船上的人纷纷逃生，但是最后离开船只的必定是船长。为什么？因为维护船上人员生命的安全，是船长应尽的责任；他重视责任甚于自己的生命。

我们平时认为发心只是一种义务，于是，高兴时就发心，不高兴就不发心，这是有流弊的。"发心"需要担当"责任"，因为发心本身就蕴含着责任。

大禹治水，三过家门而不入，并非他不爱家，不爱老母妻儿，而是责任使得他不容许放弃自己的职守，为了完成责任，只有牺牲小我。

《梵网经》说："菩萨见外道及恶人，一言谤佛音声，如三百矛刺心。"为什么听见有人诽谤佛会觉得像三百矛刺心那么痛切？因为佛法不能兴隆，遭受外来的诽谤，就是我们没有尽到责任，心里怎么能不痛苦？常听人说："弘法是家务，利生为事业。"不论家务也好，事业也好，弘法利生是佛教青年理所当然应该负担的责任。

什么叫作责任？我为它下了三个定义：

(一) 责任是利他的行为

世界除了我以外，还有许多人。我是人群中的一分子，因此我要为这许多人负起责任来。所谓"先天下之忧而忧，后天下之乐而乐。"责任是利他的行为，是勇者的担当，是有为青年的抱负。不肯负责任的人是弱者，肯负责任的人才是强者；不肯负责任的人是懦夫，肯负责的人才是勇者。

(二) 责任是菩萨的本分

我们应该为佛教、为社会、为众生负担责任。为什么？因为我们是普利人群的圣者之徒，我们是佛教的信仰者，我们学习的是菩萨道，因此不容许我们推卸责任。"国家兴亡，匹夫有责"，佛教的存亡继绝，也是佛弟子的责任。

(三) 责任是能者的义务

负责任的人，都是能者；不负责任的人，不管学问多好，都是庸才。为国为民，固然要担当责任，守卫看门，也是担当责任。负责任不是你愿意不愿意，而是做人的义务。

父母生儿育女，养之教之，这是父母的责任。有些父母把爱给儿女，并不希望儿女回报，因为他把教养儿女的责任看作是义务，尽了义务才会心安。

佛教青年要发心，更要尽义务来担当责任。时下的青年普遍缺乏责任感，今后佛教青年要培养自己的责任感，担当起这个时代应负的责任，同时更要提起精神勇气，修养道德，学习佛法，未来才能承担更大的责任与任务。

二、从拥有中养成节俭

谈到节俭，有人会说："我根本没有什么钱财，还要节俭什么？"其实，节俭不光指钱财的节俭，个人所拥有的任何东西都应该节俭。例如我们拥有生命、时间，要好好利用我们的生命和时间，对于所拥有的生命、时间更要节俭。俗语说："一寸光阴一寸金，寸金难买寸光阴。"又说："大禹惜寸阴，吾辈当惜分阴。"时间就是生命，节俭时间就是爱惜生命。我们浪费多少宝贵的时光在懈怠、放逸、散漫上？有多少宝贵的时间在颓唐、随便、马虎中消逝？把大好的年华、青春、生命虚度浪掷，世界上还有比这更浪费的事吗？

除了时间要节俭，对于感情也要节俭。每个人都拥有感情，假如不知节俭，滥用感情，会招来多少烦恼？把感情用在不当不正之处，也不是一个学道者应有的行为。

佛教并不是不重感情，而是要净化感情，以智化情，转化自己的私情私爱来爱佛教、爱国家、爱人群及爱自己未来的前途。只顾儿女情长,那是社会上一般未成熟男女的幼稚行为,进入佛门的人,感情已经过一番磨炼与净化,应该是成熟的。有成熟感情的人,应该懂得节俭感情,把节省下来的感情,运用在一切众生身上。

此外,对于物品也要节俭。竺摩长老一生节俭,一件海青洗破了自己缝补,补了再穿。佛教常说"惜福",为什么要惜福?就如银行存款,有一定的数目,若不节制用度,随便支付,终会有取尽存款的时候,这时生活就艰难了。所以,平日应该"有时当思无时",有的时候应该节省,好好珍惜自己的东西,时时记住一针一线,来处不易,一米一饭,得之维艰。我们所拥有的一切都是仰赖社会、国家、师长、父母、常住而有的,日常所需也都是社会大众成就的,而我们是否对他们有所贡献?能平白浪费物品吗?印光大师吃饭时仅吃一样菜,即使拿两样菜来也仅吃一样,弘一大师也是,认为淡有淡的滋味,咸有咸的滋味,因为真滋味是在内心的知足之中。因为他知道:我对社会贡献有限,不该享受丰富的物品。

佛教青年如果不能养成节俭的美德,将来不但不能贡献社会,反而会成为社会的消耗者,一文钱可以逼死英雄汉,我们不能拿不劳而获的金钱充阔佬,或者做人情,应该在有限的金钱之下,学习无限的知识,在少量的金钱之下,完成自己永恒的事业。

我对节俭下了三个定义:

(一) 节俭是储蓄之法

节俭就能储蓄,感情如果不滥用,感情就能一天天地净化,自然能把感情化为大慈悲、大仁爱与大道德;时间如果能节俭,就是储蓄生命,将会使我们的人生延长许多;物品如果能爱惜,就能使我们的东西，更发挥效用；金钱如果能储蓄，就可以积沙成塔，集腋成裘。

未来的一切，往往是由现在一点一滴而成就的，正如大海是由一点一滴的水所汇集而成的一样。

（二）节俭是致富之道

养成节俭的习惯，将来才会富有。我们往往只看到别人有钱，一帆风顺，而不去探究那许多富有者，他们之所以致富成功的原因。如果未来想成为一个富有者，不仅是金钱上的富者，同时也是拥有大感情的圣者及拥有无量时间的寿者，就必须遵守致富之道——养成节俭的美德。

（三）节俭是事业之基

无论将来发展什么事业，如办图书馆、托儿所、育幼院或建讲堂弘法利生，都必须由基础做好，也就是从今天起开始节俭，唯有节俭的人，才能使时间长久，才能使情感丰富，才能使物品增加，才能使金钱富足；从现在起，将已拥有的时间、感情、物品、金钱节俭下来，才是佛教青年未来成功立业的基础。

三、从物欲中有力自制

对于世间的物欲诱惑，要有力量约束自己，克制自己。一个人的伟大与否，不是看他的钱财多少、地位大小，而是看他有没有自制的力量。君子与小人的分别是：君子能自制，小人不能自制；快乐与烦恼的分别在于：快乐幸福的人生是由于能自制，烦恼痛苦的人生则由于不能自制。

佛教为什么讲布施？是要我们对于金钱物品不要贪着；为什么讲持戒？也是要我们在生活中有自制的力量；为什么要忍辱？就是在人事上要有克制自己的能力。现在的青年血气方刚，行动往往凭着一时的血气冲动，这样的人并非勇者。真正有力量的人，是一个能自制、能自我要求的人。

唐朝玄奘大师"言无名利，行绝虚浮"，意即玄奘大师所说的话，没有一句为名或为利，行为也绝无一点轻浮暴躁。过去我曾认识一位法师，一见到人就说："那位张先生很有钱。""好久不见了，在哪里发财？""那个人很有地位呀！"始终把金钱名利看得很重，所说的话，句句不离金钱名利，实在令人不敢苟同。不能视名利如浮云的人，是没有资格做出家人的。

玄奘大师有自我克制的力量，在名位之前，更加地虚心，更加地谨慎。但他并不因此而没有"名"，相反地，唐太宗每次要视察各地，第一个邀请的就是玄奘大师，他的生活所需都由国家供养，朝中文武大臣谁不恭敬他？玄奘大师对于名利，并不是绝对拒绝，有名利没有关系，但是在名利丛中，他懂得自我约束。

要培养自制的力量，生活才能快乐；生活有自制，面临任何诱惑，才有力量对付。关于"自制"，我为它下了三个定义：

（一）自制是人类的本能

虽然追求欲望是人类的本能，但是节制欲望也是我们的本能。有人说："社会讲究纵欲，佛教提倡节欲，难免贻曲高和寡之讥"。其实佛教所提倡的节欲，不是绝对的禁欲。因为欲望是本能的，而人类另外有一种本能的节制力量，来对治欲望，使其平衡。如果节制的力量小，物欲的力量强，无法自我克制，那么就成为人间道德的失败者。如果要在道德人格中完成自己，就必须把自制的本能发挥出来。

（二）自制是君子的要务

自古的圣贤君子，没有一个不克己利人，佛教之所以有那么多戒律，也是要我们知道自制的方法，并具有自制的力量。自制，才能完成个人，成就大众。

（三）自制是修行的条件

佛陀在即将成道前，曾经遭受恶魔波旬及数以万计的天魔扰乱，但是佛陀完全不为所动，终于证得无上菩提。佛陀能不受天魔所扰的主要原因，便是他具有强大的定力与自制力。因此，修行学道的人，必须学习佛陀，培养一种自我克制的力量。能够自制的人，修行才可能成功。

四、从谦卑中长养自尊

人要有自尊自重的心。自尊自重不是傲慢与自大，自尊自重必须从谦卑中去陶冶。古人说：江海所以能成百川之王，是因为它居卑处下，不拒多少。

与人相处，最得众望的人，是懂得谦卑的人。作为一个佛教徒，所从事的是教义的传播，不但要有自尊自信的信念，更须培养谦卑的美德。

以前的出家人"上与君王同坐,下与乞丐同行"。能够上与君王同坐,那是因为具有尊贵的德行,能得到君王的爱戴;肯与低贱的乞丐并行,那是因为明白"心佛众生三无差别"的道理,虽然是乞丐,但人格并无欠缺,能够以谦卑的态度去纳受他们。一个伟大的人物,一定是谦卑的,唯有不成熟的人,才会趾高气扬,傲慢与自大。

谦虚不是畏怯退缩,也非卑劣懦弱,更不是对一切事情推诿而不负责任,当然,谦卑也不是要我们自暴自弃。孟子说:"自暴者,不可与有言也;自弃者,不可与有为也。"一个自暴的人,不可和他讲道理;一个自弃的人,不可与他共事,儒家说培养浩然之气,主要从谦卑中养成自尊,佛法也是一样的道理。

印度比丘以乞食为生,即是要出家人从与众生接近之中,培养谦卑的美德。平常我们至诚礼佛,把尊贵的头匍伏在地上,以双手承接佛陀的双脚,也是要祛除傲慢与自大,养成谦卑的个性。

为什么要谦卑?因为我们没有什么可以骄傲的;为什么要自尊?因为我们没有什么可以怯懦的。西方哲学家说:"一个人如果骄傲,即使是身为天使,也会沦为魔鬼;如果谦卑,虽是凡人,也会成为圣贤。"成熟的稻穗一定会低垂下来,"宇宙有五尺高",我们六尺之躯的人,要生存在宇宙中,都必须低一低头。在漫长的生命旅途上,我们要学习常不轻菩萨的德行,过那低头而向前的人生。

关于自尊,我为它下了三个定义:

(一)自尊是自信的基石

自信心要建立在自尊的上面,没有自尊,哪有自信?有了自尊,才能培养自信心。陶渊明不为五斗米折腰,这是自尊,"三旬九遇食，十载着一冠”，他对自己的人格有无比的自信。佛教里多少古德深山苦修，甚至三餐无以为继，仍不肯放弃僧侣的尊严，随俗浮沉，他们对自己能体解大道有无限的信心。因为有信心，最后终有所成，所以自尊是自信的基石。

（二）自尊是节操的根本

社会人士有社会人士的节操，佛教徒也有佛教徒的“有所为”和“有所不为”，不管什么人，他的节操必须建立在自尊的上面，唯有自尊的人才会尊敬人，自尊的人才不会冒犯人，自尊，是人类高贵的节操。隋朝的道悦禅师，住在荆州时，遇到朱粲造反，朱粲强搜寺中道粮后，命令禅师引路出城，若不从，即予杀害，禅师坐在地上说：“吾沙门也，非引路之人，浮幻形骸，任从白刃！”这种从自尊而产生的节操，虽是盗贼，也不得不肃然起敬。

（三）自尊是人格的标准

一个人有没有人格，主要看他的自尊程度如何？而人格的标准，人格的方向，完全取决于自尊心。出家人应该庄严，不能和俗人一样，一个出家人终日讨好世俗，向权贵奉承，或者只为了一点小利，甘心出卖人格。例如有人公然抽烟喝酒，不以为耻；有人出入淫乐场所，不以为羞，这都是由于不具备自尊心所致。

五、从笨拙中启发灵巧

我们一向把笨拙与灵巧看作两回事，但是，真正的笨拙就是灵巧的根基，聪明智巧不是从投机取巧当中得来的，真正的灵巧是从笨拙中增长的。很多老和尚自称老拙，"有人骂老拙，老拙只说好，有人打老拙，老拙自睡倒，有人唾老拙，由他自干了，你也省力气，我也少烦恼。"老拙真的这样糊涂吗？这是老拙历练出来的聪明！真正有智慧的人，看起来好像很笨拙，这就是所谓的"大智若愚"。

1946 年，杭州武林佛学院院长会觉法师（太虚大师的弟子）在开学典礼上说："我一生中最讨厌的就是聪明的人。"为什么他讨厌聪明的人？因为许多人聪明反被聪明误。人笨拙不要紧，只要肯脚踏实地慢慢做，所谓慢工出细活，不从笨拙中启发灵巧的聪明是靠不住的。所谓笨拙者，为学不求急取，做人不想取巧，一板一眼，稳稳当当，你笑我傻瓜也好，你笑我笨拙也好，依然本本分分地做人做事。

中国人常笑日本人笨，呆板、不懂取巧。有一次，我在日本一家饭店的楼上，看到一辆卡车开到十字路口，刚好红灯亮了，此时正值清晨 2 点，马路上一点声音、一个行人也没有，那辆卡车停在斑马线前等了 1 分多钟，直到绿灯亮了才开车。一定有人觉得他很笨，深更半夜的哪有行人，尽管往前开就是了。只是，路上虽无行人，但若常如此通行，养成闯红灯的习惯，难保以后不出车祸。守规矩，看起来虽然笨，却可以养成终身安全的良好习惯。现在的日本是世界经济强国之一，如果日本人一点也不聪明，为什么会如此富强呢？这要归功于日本的国民从笨拙、守法之中，养成不取巧、守本分的习惯，所以社会就有秩序，国家就会强盛。常看到有些同学，正楷还不会写，就先学草字，龙飞凤舞，写到最后乱七八糟，不成字样。如果能够承认自己笨，一笔一画慢慢地写，自然而然就会灵巧了。

我对灵巧下了三个定义：

（一）灵巧是贯通的慧解

灵巧，是闻一知十、闻十知百的能力；灵巧，不是凭空捏造，虚造的假聪明，而是贯通的智慧。因为有了灵巧，可以举一反三，可以无事不知，无理不明。禅宗大德有的看到桃花开放而悟道，有的听到婴儿啼声而明心见性。不过，这种大道一以贯之的灵巧，不是偶然，也不是生来就有的，是从多少经历中、多少笨拙里才能贯通的。

（二）灵巧是敏捷的反应

有了灵巧的心思，对事情才会有敏捷的反应。过去的学子亲近善知识时，善知识会以没头没脑的说话，来考验一个人的灵巧、能不能有敏捷的反应。例如日本快川禅师被军阀织田信长放火烧寺，逼得无路可走时，快川禅师要求寺众参"大火中如何大转法轮"的话头，并且不时催着"快！快！快！"假如是灵巧的禅者，在敏捷的反应下，应该就能开悟了。

（三）灵巧是活用的经验

灵巧，是从多做、多说、多看、多用心来吸收经验，从经验中去灵活运用。俱胝的一指，使许多学子契悟佛法；黄檗和临济的棒喝，让多少人接触到禅机。高明的医师，甚至是砒霜、毒药，都可以用来治病。要灵巧才能活用，若无灵巧，即便是好事好话，有时也会惹来麻烦。灵巧非常重要，要学道，先要有灵巧。

六、从理想中实践抱负

今日的佛教青年最缺少的就是没有理想,没有抱负。一个人没有理想,没有抱负,就没有未来,没有未来希望的青年人,能有什么成就呢?

若将人分成上根、中根、下根等三种等级,上根的人凭着崇高的理想行事,为理想而辛苦工作,为理想而牺牲奉献,能否达到目的是另外一回事,总之为理想而奉献一切。中根的人,凭经验行事,认为理想太空幻了,因此做到哪里说到哪里。下根的人,凭需要而生活,认为有面包才能不死,有老婆、儿子才会满足,所以下根的人做事只讲需要不谈理想、经验;禽兽也是只凭本能,如牛马除了寻找水草作为食物,是不会有其他的要求。

青年人,尤其是佛教青年,不能只求满足于生活上的欲望,而抛弃一切理想!如果是这样,与禽兽有何分别?佛陀说,众生是无边的,烦恼是无尽的,法门是无量的,佛道是无上的,人生有那么多的无边、无尽、无量、无上,等着去追求,我们能做一个没有理想、犹如行尸走肉的人吗?人有了理想,工作就不会觉得辛苦;有了理想,吃点亏也不会计较;有了理想,生活中就有力量。所以佛教青年要有志愿、有抱负、有理想。

关于理想,我为它下三个定义。

(一) 理想是正当的希望

每个人在一生中都有很多的希望,而崇高的理想,则是我们正当的希望。希望,可以引导人走上正途。哀莫大于心死,人生最悲哀的事，就是没有希望，没有希望的人生，眼前一片灰色，暗淡无光。就算猫狗，也希望有美好的三餐；就算花草，也希望有朝露的滋润。何况万物之灵的人类，怎能没有正当的希望，怎么没有崇高的理想？

（二）理想是力量的源泉

人生有了理想，才有奋斗的力量；没有理想的人生，好比干涸的泉水，无法长养生机。有了理想，才有力量。人类能征服珠穆朗玛峰，是由于人类从理想中产生登高的力量；人类能够登陆月球，因为人类有上天的理想，所以就有力量上天。世界上多少伟大的事业，都是靠理想所产生的力量而完成的。

（三）理想是快乐的国土

有了理想，生命才有意义，人生才有希望，理想使生活充满快乐。有了理想，便拥有了一个理想的国度。人间的世界，不容易拥有，即使想拥有几百平方米的土地都很困难，更不用说其他，但是，我们可以建立一个理想的国度。有些佛教青年，没有崇高的理想，只希望有一间小庙，根本不敢成大功、立大业；靠一些小庙怎么能复兴佛教呢？

想成功立业，必须具备理想。佛教青年不同于一般世俗青年，要有远大的志向。佛教青年是为学人间菩萨道而来的，所以应该努力实践人间菩萨的理想。

1976 年 6 月讲于佛光山"中国佛教研究院"

佛教青年成功立业之道（三）

佛教青年更应该本着"弘法是家务，利生为事业"的志愿，鼓舞起热忱，去担负弘法利生的工作。

本篇提出六点来说明青年成功立业之道：

一、从工作中发挥热忱

没有工作的人，是世间上最苦的人。人生最大的痛苦就是寂寞无聊。有些年轻人成天闲荡，无所事事，像孤魂一样，不知道在哪里安定身心；像浮萍一样，不知道将飘向何方，那是何等的不幸！工作对于每一个人，确实具有重要的意义。

工作的益处很多，以下简单地列出三点。

（一）工作中才有生命

工作，这是上天赐与人类最好的礼物，除了成长，开发自身的心胸、眼界之外，还能提供对人间的贡献，并且逐渐对"同体共生"有所认知。一个人如果没有工作，等于行尸走肉，没有精神，没有灵魂；一旦有了工作，才能发挥生命的潜力，表现出生命的价值，所以说工作就是生命。

（二）工作中才有人缘

在一个团体中，最不得人缘的人，就是最懒惰、最不发心、最不肯工作的人。许多小动物，如蚂蚁、蜜蜂，都非常勤奋工作，或储蓄粮食，或采花酿蜜，它们都活得很有意义。身而为人更应发心工作，从工作中获得人缘；要勤奋工作，才能获得群众的接纳。"工作无贵贱，服务最神圣"，孙中山先生说："人生以服务为目的。"可见有工作的人生才有意义。

（三）工作中才有财富

世间上的人都想拥有万贯家财，那么，如何才能获得？致富之道是什么？就是工作再工作。财富不会从天上掉下来，即使有横财，如果不继续努力工作，只是坐吃山空，再多的横财也不长久；再说，不劳而获的财物，是不可贵的。唯有掺和自己的汗，发挥精神、用尽力气去赚取的财富，才是最可贵。俗语说：金砂随潮水流来，也要你动手去淘洗，才能得到黄金。这说明一切的收获，都从工作中得来的。

有位父亲去世之前，召集儿女们到床前，对他们说："我有不少的财产留给你们，那是一些黄金，就埋藏在葡萄架下。"父亲去世后，儿女们在葡萄架下面努力挖掘土地，希望取得遗产。葡萄架下真的有黄金吗？没有。但是由于经常挖掘、翻松泥土，土壤变肥沃了，架上的葡萄遂长满了累累甜美的果实，这些儿女们也因而获得很多的钱财。

这个寓言说明了"唯有工作才能获益"。在工作中自然有精神、有力量,也唯有工作才能安定身心,因为工作过程能带来乐趣。人生有了工作,生活才有意义,生命才有价值。

佛教常讲发心,发心就是要发心工作,奉献自己的力量。一部机器,如果长久不发动、不使用,它会生锈;人的身体,如果不经常磨炼,也会衰弱;不经常工作,意志会消沉,心思也会枯竭。一个人不经常工作,好比在自己人生的道路上,设下了障碍,使自己寸步难行。所以,一个人如果希望活得轰轰烈烈,就必须工作;不但要工作,更要竭尽心力去工作,从工作中发挥青年的热忱,如此,他的人生定能辉煌腾达。

现代的佛教,形同老迈的枯藤,毫无生气,主要是因为我们佛教徒缺乏热忱。记得曾有人感叹地说:"自我进入佛门后,所感受到的是'冷'的气氛!"这个"冷",不是气候寒冷的冷,而是气氛的消极,令人感到处处一片寒意;工作没有热忱,修行没有热忱,待人没有热忱,卫教没有热忱,因此给人一种"冷"的感觉。

翻开历史,每个朝代里的救国救民事业,莫不是仁人志士们奉献出力量与热忱所创造出来的。所以,工作有热忱,才有力量;工作有热忱,才有内容,也才能支持长久。一个宗教家,对于救人救世的事业,必须具有高度的热忱。佛教青年更应该本着"弘法是家务,利生为事业"的志愿,鼓舞起热忱,去担负弘法利生的工作。

二、在反省中检讨功过

人要天天反省自己。自古以来的圣贤,他们能够变化自己的气质、修身立德，主要是因为具有反省的功夫。曾子说："吾日三省吾身。"袁了凡以"功过格"记录自己的功过，以反省自己举止的得失。有些人，眼睛只看到别人的缺点，却看不到自己的缺点；嘴巴只讲别人的过失，却从不检讨自己，因此，养成抱怨不满、怨天尤人的坏习惯。其实，人与人相处，若能做到"以责人之心责己，以恕己之心恕人"，时时反躬自问，检讨得失，方能增进道德，升华人格。

反省的益处很多，仅提出下列三点来说明：

（一）反省是悔过的勇气

有些人犯了过错，却不肯悔过，因为他没有反省，不能自知；如果能仔细反省，就会生起悔过自新的勇气。人非圣贤，孰能无过？一个青年人在修学的时候，应该时常反省自己的过失，痛痛快快、切切实实地把它表露出来。譬如得了盲肠炎的人，一定要把盲肠割掉，以除后患。一个人的过失，也要用反省忏悔的快刀把它切除。

一般人最大的弱点就是护短，覆藏自己的过失。面对自己的过失，不肯改进。因此，踏出学院，真正去负责一方时，便显出自己处处都是毛病，而无法立足。所以，佛教青年不应掩饰自己的短处，要有反省过失、努力改进的勇气。

（二）反省是自知的镜子

古语说："人欲自照，必须明镜。"一个人要知道自己的长相，必须照镜子。若要了解自己行为的得失，则必须用"反省"的镜子来映照；反省如同一面镜子，在反省的镜子中，自己的本来面目，自能显现无余。

从一些青年同学们的日记里，可以发现，凡是品德较好的学生，日记里通常重在检讨自己的功过，总认为自己缺点很多；凡是品德不好的学生，大都批评别人的好坏，这个人不好，那个人不是，似乎全天下的人都不能令他满意。事实上，这是他不认识自己，他所看的全是别人的缺点，所想的也是别人的过失。一个人到了连自己都不认识时，那是多么的无知，多么的可怜。所以，我们不必忙着去认识别人，重要的是先认识自己，从反省中认识自己，从反省的镜子中了解自己的真正面目。

（三）反省是明日的祥和

唐太宗是中国历史上有名的贤君之一，他所以能成就千秋万世的伟业，主要原因在于他能谦虚自制，肯虚心反省。专门记载唐太宗言行的《贞观政要》，即曾记录一段他的自述，他说："朕每闲居静坐，则自内省，恒恐上不称天心，下为百姓所怨。"可见一个伟人之所以成功，确有其为常人所不及的地方。

今日有了过错，如果没有反省，明天还是一样的犯错。如果能够时常反省，即使错了，经过反省，知道犯错的缘由，随即改正，下一次就不会再犯同样的过错。所以说，反省是明日的祥和。

譬如甲乙两个人相处，甲得罪了乙，经过反省后，知道自己错了，翌日，随即向乙道歉，两个人前嫌尽弃，和好如初，这不就是反省得来的好处吗？佛教最重视戒律，犯了戒的人必须忏悔，才能消除罪业。所谓忏悔，其实就是赤诚的反省。

《法苑珠林》记载："有一比丘，名曰欣庆，犯四重禁，来至僧中，九十九夜忏悔自责，罪业即灭，戒根即生，如初受戒时，无有异也。"一个犯了四大重戒的人，经过反省忏悔之后，居然能够与初受戒时相同，可见赤诚反省的功用，能使人获得"新生"。所以说，"反省"是明日的祥和。

反省的利益很多，反省是智慧的果实，反省是进德的阶梯，反省是青年们修学中重要的功课。一个人不要随便责备别人，要能以责备人之心来责备自己；也不要任意批评别人，要以批评人之心来批评自己。更重要的是要时时反省自己，只要是有利于大众的事，就热心去做。时时反省，知道自己的言行不合乎道德标准，就赶快改正过来。一个青年人，想要成功立业，首先必须健全自己。如何健全自己？就是要不断地反省、再反省。

三、从宽容中扬弃嫉妒

求学的时候，学习把自己扩大，尤其要把心量放大。《释迦佛》中有一段记载：有一位犯了五逆十恶的坏人，想回头忏悔，但是心怀恐惧。心想："我过去那样冒犯佛陀，如果现在向佛陀忏悔，他能宽宥我吗？"有人了解他的心意，便告诉他："佛陀的心量尚且能包含天地，怎么会容不下你一个人呢？"于是他勇敢的前去忏悔。

佛世时，摩揭陀国阿阇世王忤逆父母，大行不孝，最后知道自己错了，想求忏悔，可是父亲已经去世，忏悔已来不及。他很悲伤，也因此自暴自弃。他的母亲对他说："诸佛心量，等同虚空，你父亲是学佛人，虽然你忤逆了他，但是我想他一定会宽恕你的罪过的。"

所以，要做一个伟大的人物，先要养成宽宏大量的气度。海阔凭鱼跃，天高任鸟飞。一个人要养成海阔天空的胸襟，要有宰相肚内能撑船的器量，能够容纳好人善人，甚至仇人敌人、看不惯的人，也都能宽容。唯有宽容才能去除嫉妒，唯有宽容才能成就一切。一个人若不欢喜别人好，不欢喜别人快乐，常常令自己活在怒火之中，那是很痛苦的。

至于如何宽容别人，如何去除嫉妒？必须能做到下列三点：

（一）不念旧恶

小孩子和玩伴吵架了，总欢喜算旧账，譬如："你过去拿过我一张纸！""你以前吃过我一块糖！"我们都不是小孩子了，不能如此幼稚，不应该再算旧账。不过，愚痴的人往往喜欢算旧账，喜欢把过去芝麻绿豆大的事情提出来讲。"过去种种譬如昨日死，未来种种譬如今日生"。既往不咎，主要的是看现在和未来。

人与人相处，难免会有误会或摩擦，只要我们有宽大的度量容人，不念旧恶，犹如大海之深广，能容任何污秽之物，且不失去大海的清净，又如虚空之宽大，任何美丑之物，皆能包容无余。所以人与人之间的相处，不论任何的讥嫌、误会、过失，都要以宽宏的心量来包容。在佛教里，有人犯了过失，经过至诚忏悔之后，罪业就可以消除。佛法中说：一个肯悔过的人，比没有犯过的人更好。对于已忏悔的人，若再批评他过去的过失，那么批评者的过失会比犯过者更严重。佛门最忌讳算旧账，佛教青年应该不念旧恶，不翻陈账，和谐相处，才是佛弟子应有的态度。

（二）以德报怨

梁国的大夫宋就，曾做过边县的县令，梁国与楚国的边界紧紧相邻。梁国的边亭与楚国的边亭，都种了瓜。梁国的百姓勤劳，常常给瓜灌溉、照顾，因此长得很好。而楚国边亭的百姓懒惰、懈怠，瓜也就长得很差。

管理楚国边亭的县令，看到梁国边亭的瓜长得好，心中非常嫉妒、恼怒。楚亭人就在夜里去捣坏了一些梁亭的瓜。梁亭人发现后也想去破坏楚亭的瓜，就去请示宋就。宋就说："造恶是怨祸的根源。别人作恶，你也跟着作，那就更坏了。如果是我，就每天晚上叫人偷偷地为楚亭浇瓜，不让他们知道。"

梁亭人的一听，每天晚上便偷偷地去给楚亭的瓜浇水。瓜一天天地长好起来。楚亭人感到很奇怪，便暗中观察，发现是梁亭人所为。楚县令听到这样的事，便报告给楚王。楚王知道后，感到非常惭愧，告诉官吏说："毁坏瓜的人，难道没有罪过吗？这是梁人在退让啊！"于是，楚王以重金谢礼，并向梁王示好。自宋就开始，梁楚两国就交好了。

唯有心胸宽广、不念旧恶的人，才能做得到以德报怨。

《长寿王经》云："以怨报怨，怨终不灭；以德报怨，怨乃灭耳。"以怨报怨，永远不能息怨；唯有以德报怨，才能结束一切冤怨的根本。有仇敌，应该用道德去感化他，不要生起怨恨心，因为以怨报怨，是永远无法化敌为友的。

（三）与人为善

一般人对于犯错者，往往不肯给予改过向善的机会，也不肯指引一条方便回头的道路。我们学佛的人，有责任将欢喜布满人间，把善良的风气传遍各处；应该予人方便，予人好处；应该不舍弃任何一个改过自新的人，不拒绝任何一个心向佛道的人。

有些人往往缺乏助人为善的心量，甚至嫉妒他人的善举。这种态度不只阻碍了他人，也阻碍了自己，我们应该学习以宽容来扬弃嫉妒。"泰山不辞土壤，故能成其大；河海不择细流，故能成其深。"泰山所以能高大，是由于它不舍弃任何一块小泥土；大海所以能深远，是因为它能容纳任何细小的溪流。一个人生存于世间，待人处世，也应该具有泰山、大海的气度，不嫉妒好人，不排挤异己，因为唯有宽容大度，才能成就一切。

四、从讥谤中庄严福慧

无论是伟大的人物或普通的小人物，都难免会遭遇讥讽诋毁。受到讥嘲诽谤时，我们如何给予自己力量？如何使自己不消极？那就要从讥谤中学习庄严福慧。

在《大方广如来秘密藏经》里，佛陀问大迦叶尊者，有一颗大宝珠，是众德所成，它的质地纯净，能消除一切的瑕秽。但是，"若有人天，毁骂是宝，而不恭敬。迦叶。于意云何？是大宝珠，畏毁骂故，失宝力耶？"大迦叶回答："不会。"佛陀接着说："是净宝珠，犹彼菩萨，志意清净；一切众生，虽不恭敬，所有功德，无有折减。"清者自清，任何讥毁都无法减损贤者之德的。

《优婆塞戒经》里也说："我身若被截斫分离，不应生瞋。应当深观往业因缘，当修慈悲怜悯一切。如是小事，不能忍者，我当云何能调众生？"忍辱，是菩提正因。对于逆我、谤我、伤我的人，能不瞋不怒，甚至慈眼视之，才是真正有力量的人。

昔时有位宰相，气度宽宏，行忍功夫到家。有一天，弟弟要到外地做官，来向哥哥告辞，哥哥说："你脾气不好，此行我担心你的事业不能顺利。"弟弟说："不会啦！这次我听哥哥的教导，别人给我的讥讽诽谤我都不会计较！""真的吗？假使有一个人在你脸上吐口水，那你怎么办？""我一定照哥哥的指示去做，不和他计较，把口水擦干就算了！"哥哥说："如果是我的话，我就不这么做。别人所以会对你唾面，就是因为不高兴你，你把口水擦了，他会更不高兴。因此，你不必用手去擦，让它自己干了，这才是忍耐的上乘功夫。"

自从我们懂得人事开始，所遭遇的讥讽诽谤，不知凡几。连受众人景仰的胡适博士，也是"誉之所至，谤亦随之"，有人赞美他，也有人诽谤他。试观世界上伟大的圣贤，哪一个不是从讥讽诽谤中成就出来的？讥讽诽谤会打倒一个人，但是，它只能打倒一个庸懦无能的人，打不倒一个有理想、有抱负、有热情的人。对于讥毁，要把它看作是庄严我们福德智慧的逆增上缘，千万不要让它激起自己的瞋恨心。《成实论》云："恶口辱骂小人，不堪如石雨鸟；恶口骂詈大人，堪受如华雨象。"小人物与大人物的区别，从其应付外来讥毁的态度，也可以明显地看出来。

台中李炳南居士，初到台湾弘扬佛法时，也遭遇到很多麻烦。当时李炳南居士效法常不轻菩萨的行持，谦和地说："善知识，我不敢轻视汝等，汝等皆当做佛。"甚至说："善知识，谢谢你，你给我的这种难堪，是在消除我的罪业，谢谢你给我消除罪业的机会。"由此看来，讥讽诽谤不但对人没有坏处，对一个真正有作为的人而言，反而成为庄严自己，增长福德智慧的助缘。

佛陀在世时，提婆达多及许多外道经常蓄意陷害佛陀，但都无法得逞,而且每一次佛陀遭外道陷害后,反而声望更加提高,佛教的弘化也更形顺利普及。所以,黑暗就是光明的预兆;外来的拂逆,更是行善的逆增上缘。没有讥讽诽谤,就显不出伟大的人格,显不出圣贤的节操。

对于如何忍耐讥讽诽谤,提出下列三点来说明:

(一) 不说讥谤

讥讽别人的话不说,诽谤别人的话不说。如果发觉自己平时好说别人的闲话,那么,从现在起绝口不说,这就是不恶口。

(二) 不听讥谤

不要理会外传的讥讽诽谤。一个人如果时常注意外传的谣言,则心情会受影响而难过,一难过,就愈没有力量、没有心情去做其他事情。"是非之言止于智者",一个有智慧的人,绝不乱传谣言,更不轻易听信谣言。

(三) 不怕讥谤

讥讽可以消除罪业,是修道人的逆增上缘。一个修道人,不但不必惧怕讥讽,更应把讥讽转变成激励身心的力量。

五、从听闻中确实奉行

《楞严经》云:"此方真教体,清净在音闻。"学佛要多闻熏习,听闻佛法是学佛必经的过程。任何一部经,开头必是"如是我闻",最后是"信受奉行",经典的这种形式,可以给我们很大的启示。有些学佛人，多闻是做到了，但是在"确实奉行"方面却还嫌不够。往往只学到半部经，即只学到前面的"如是我闻"，却没有学到后面的"信受奉行"。

《大乘宝云经》说："虽有多闻，不制烦恼，不能自利，徒无所用。譬如死人，着金璎珞。"一个多闻而不能奉行的人，就像死人穿上华丽的衣服一样，一点用处也没有。因此，一个人想成功立业，除了多闻，也要确实奉行。

以下举出如何多闻且确实奉行的方法：

(一) 闻是要说好

听到好的道理，要赞美，并随喜赞同。有一些年轻人，听到别人所说的许多道理，喜欢反驳："你讲的道理固然很好，不过，我的意思是……""你讲的话虽然不错，但是，我以为……""你的意思虽然很好，不过，……"不管别人如何苦口婆心地教导，总是一开口就将它否决，甚至别人的话还没说完，而他的意思本来也一样，但是却一开口就表示他不完全同意。他觉得赞同别人的意见，会使自己矮了一截，因此，总不肯爽爽快快地承认别人的意见正确，这是一种很不好的习惯。

(二) 闻善要奉行

有一类众生常有"闻善不着意"的坏习惯，听到好的话，丝毫不加以留心，更谈不上确实去奉行，因此，常在恶道中流转。人为万物之灵，具有辨别善恶的能力，如果能闻善奉行，则道业自能快速增进。

（三）闻理要相应

听到符合真理的话，要设法与它相应。有人说："你的话打动了我的心坎，你这话好像是为我而说的。"这就是听话的人，能与对方的话相应。我们常常称赞佛陀为"如理师"，说他是真理的体验者，是真理的证悟者，是真理的榜样。一个与真理相应的人，一定是真正慈悲的人，即使他骂你、打你，其出发点也都是慈悲的。若想与真理相应，就必须从日常生活行住坐卧中去体验，养成事事都"如理作意"的习惯。

平常若有写日记，应写些如何与真理相应、如何与真理结合在一起的事，以此来检视自己的心；因为一个烦恼无明炽盛、怨天尤人，处处不满现实的人，是不可能与真理相应的，言语举动更不可能与真理结合在一起。

六、从克难中创造明天

记得刚来台湾时，当局最早发起的运动叫做"克难运动"；组织的乐队，叫作"克难乐队"。当时，全台上下，一致推行克难活动，由于大家合力推行，使得台湾从克难中渐渐成长，这种克难的精神，就是奋斗的精神。从克难中，期待明日的光辉；能够克难，才能从克难中孕育明日的果实。

"克难"，顾名思义，是克服困难。一个修学佛法的人，有什么困难需要克服？譬如有人觉得"话难说"。如果觉得说话很难，普通话不容易说得正确，就要努力学习，克服说不好的困难；有的人认为写文章很难，就要克服文字的困难；思想不能畅达、语言文字不能流利，也是先找出困难的所在，再设法克服。

也有人觉得"事难做"。所谓"事难做"有两种情形，一种是事情本身的条件困难，一种是人事关系的困难。一个人不论在任何情形之下，绝不可因为事情难做就不做，更不必因人事关系困难而灰心。所谓"佛道难成誓愿成"，世间事没有比学佛更困难的事，成佛的困难都不怕了，还怕世俗成功立业的小困难吗？

法国统帅拿破仑曾说：我的字典里没有"难"字。古来的英雄豪杰常自诩："我不知道什么叫作困难。"所谓"世上无难事，只怕有心人"，只要有心，虽移山填海，也终有成功的一天。把难字从口边、心里去除，脚踏实地切实去做，相信不会有什么困难。

此外，有人会觉得"道难修"。修道有什么困难？为了修道，要淡泊名利，忍受寂寞，委屈吃亏，忍耐压迫；为了修道，亲情要放下，故乡要远离，朋友少来往，一切功名富贵的念头都要舍离。

有的人修道，经不起时间的考验，到头来反而背道而驰。所谓"修道一年，佛在眼前；修道三年，佛在西天；修道十年，无影无边。"这种人在追求真理的道路上不能耐烦，经不起挫折，因此半途而废。像这种自暴自弃的人，能完成人生吗？能成就道业吗？所以，一个修道人，要有锲而不舍、持之以恒的毅力，不只具备"勇猛心"，更要有"恒常心"，才能圆满完成菩提大道。

1976 年 6 月讲于佛光山"中国佛教研究院"

佛教青年成功立业之道（四）

为了广度众生，为了续佛慧命，佛教青年应该先从充实自身、
改变气质做起，发慈悲心，立坚固愿，
相信未来的佛教，即能如丽日中天，光灿寰宇。

本篇提出最后六点意见，分述如下：

一、从威仪中训练自然

对于佛门的三千威仪，八万细行，我们做到了多少？平常的行住坐卧，身心的语默动静是否与威仪相应？有的人，小心努力地学习威仪，走路的时候，一板一眼，步伐姿态，毫不随便；坐着的时候，眼观鼻，鼻观心，就像入禅定一般。但是，威仪并不只是做一个样子，也不是要装模作样。重要的是自然地流露，不做作，毫不勉强。譬如讲话的时候，自然低声轻语，不口沫横飞，旁若无人；笑的时候，牙齿虽不露出来，内心也自能感到欢喜。平日就养成这种良好的习惯，即使独处没有外人时，也一样具足威仪，那么在众人面前也不必特意做作。

有的佛教青年发心学习威仪，可是又学得不像，有的则根本不

愿学习，还是不能免除一般人的习气，与社会上的青年男女没有什么两样。

以下提出三点，说明威仪的重要。

（一）威仪代表教养

从一个人的威仪中，可以看出他是否受过良好的教育。有教养的人，风度翩翩，举止动作，毫不矫揉造作，自然流露平静纯真的气质，行为表现具有真善美的行止风范。但是，一个没有教养的人，他的外在言语行为，粗鲁莽撞，心思不定，缺乏自动自发的进取心。

佛教青年，应该把平日的学养修持，表现在日常生活的一举一动中。

（二）威仪可以说教

俗语说"身教重于言教"。凡是身形仪容能使人肃然起敬，威德仪态能使人效法者都叫身教。过去佛光山举行大专佛学夏令营时，我向学员说："希望你们在佛光山能从花草砂石内，认识三千大千世界；从佛像僧容中，见到自己的本来面目；从座椅拜垫上，体会自己的无限生命；从僧团袈裟一角中，紧紧握住人生真善美的一面。"庄严的威仪，是能不透过语言而说教的。

几年来，前来佛光山的信徒游客日益增多，山上的法师，无法一一去为他们说法，因此，即以庄严的仪表、慈祥的面容，向信徒游客们作无言的说教。有的游客看到出家人长衫飘动，步伐轻盈，被其庄严的气氛感动不已，因而进入佛门，这也是一种"现身说法"。

（三）威仪可以获得尊敬

有些学佛人，虽不要名利，却想受到别人的尊敬。一个受人尊敬的人，不但须具备学问和道德，更重要的是要具足威仪。佛教中有一项规矩：出家后，五年学戒，然后才允许听教参禅。一个出家人，必须先学习律仪，净化自己的身心，养成高尚的气质，接下来才可以研究教理或参究话头。

时下有些僧青年，最易犯的重大毛病就是尚未学习基本的威仪，即躐等去听教参禅。因此，学到最后，往往有如空中楼阁，浮而不实。佛教青年们除了学问的追求，必须特别重视威仪的训练，举凡行住坐卧、语默动静之间，都要随时注意是否合乎威仪。只要具足威仪，又有学问、道德，自然能获得别人的尊敬。

二、从淡泊中体验乐趣

追求快乐是人类共同的愿望。有的人追求物质的快乐，有的人追求享受大自然的快乐，有的人则在物质之外，从淡泊中获得快乐。而学道的人，在物欲泛滥的世界中，如何选择或追求快乐呢？自然是从淡泊的生活中体会乐趣。因为物质的快乐，不能绝对长久；唯有在淡泊的生活中，才能获得真正的快乐。

淡泊的好处可由下列三点来说明：

（一）淡泊可以启发良知

翻开报纸，常看到一些杀人抢劫的事情，为什么有这么多人昧着良知去做这种损人不利己的事呢？观其缘由，大都是对于物质不能满足。不甘于淡泊的人，为物欲所蒙蔽，行事自然就没有良知。

我们不妨时时自我反省，我们对社会的贡献有多少？我是否产生过损人利己的心思？如果我们对粗茶淡饭能够知足，则物质条件再缺乏，相信也能够优游自适，自然不会产生有害社会的念头。如果内心的念头纯正，则"人欲净尽，天理流行"，良知也会自然显露出来。

（二）淡泊可以招致高贵

历史上的许多高僧大德之所以受人尊敬，并非由于拥有良田千顷或华屋万间，而在于他们的甘于淡泊、不贪安逸及不务奢华；在淡泊之中，能使僧格不断地升华、滋长。

净土宗慧远大师，虽有朝中王公大臣想请求供养礼拜，但他不为所动，甘愿粗衣菲食，在小关房茅棚中修行，30 年不下山，因此他的德辉照耀于万世。所谓"人到无求品自高"，虽然没有华衣来庄严，没有美食来饱暖，但是由于甘于淡泊，无所需求，人格自然就会高贵。因此，佛教青年不能太重视物质的追求，如对现实的物质要求太高，流弊必定也大，应该从淡泊苦行中陶冶自己，磨炼自己，这样，不但能启发我们的良知，更能使我们的人格高贵。

（三）淡泊可以带来快乐

有的人认为有钱就能快乐，殊不知世界上的大富豪，往往比一般百姓有更多的烦恼；有的人认为锦衣玉食能使人快乐，其实未必尽然；有些人认为名位权利可以使人快乐，事实上，名位权利所招致的烦恼，更令人难以忍受。

一个人追求繁华容易，返璞归真困难。如果能把世俗功名富贵的欲望淡薄一分，那么道念就能增加一分。举例来说：在一杯水里加上一些酸甜苦辣的东西，这杯水立刻就会变质。即便是一杯茶，放个两三天，也会产生怪味。可是，如果仅是一杯清水，淡淡的，没有任何杂味参杂其中，这杯水永远是一杯清水。就如人的思想、欲望愈多，则愈容易变质；如果能甘于淡泊，如同清净无味的水，则烦恼的怪味便不会产生。所以，淡泊的快乐，是最可靠、最长久的。

许多人相处时喜欢标榜感情浓厚，你来我往，隆情高谊，结果总是不能持久。我们不仅在物质生活中要淡泊，在人情往来之间也同样要淡泊。一个人唯有心地纯洁，甘于淡泊，无贪无求，不为名利，自然能安身立命；反之，如果贪图生活上的富裕，过分计较人我间的得失，定难获得永恒究竟的安乐。

孔子说："士志于道，而耻恶衣恶食者，未足与议也。"老子也说："五色令人目盲，五音令人耳聋，五味令人口爽……难得之货令人行妨。"可见物质的过分享受，是历史上大哲人所极力反对的。一个人若过度热衷于物质的享受，将为物欲所牵引，本具的灵性也会被物欲所蒙蔽。

学佛人，在生活上必须恬淡，心灵才会清净明彻，不易为客尘烦恼所染。唯有如此，才能体会陶渊明"采菊东篱下，悠然见南山"之悠然自得的境界。

三、从宁静中安顿身心

人生最痛苦的事情，不一定是没有钱，也并非身染疾病，而是身心无所安置。有人说，上了讲台，手没有地方安放，就感到身心不自在；孤魂野鬼最大的悲哀，是没有一个皈依的所在。的确，身心无处安顿，是一件很痛苦的事。身心应该安放在哪里？诵经礼佛，可以安顿我们的身心；三藏十二部经典的义理大海，以及大众的事务，都可以安放我们的身心，除此之外，"宁静"也可以安放我们的身心。古人说："淡泊以明志，宁静而致远。"除了淡泊，宁静也自有一番意境，能让我们体会到更宽广的世界。

所谓"宁静"，不是指外在的一切运作停止，如飞机不飞、车子不跑、人们不讲话等等，主要是内心自然没有声音，而不是抹杀外在的一切声音。就如"禁语"，不仅是嘴上不讲话、手接触东西无声音或走路时脚下无声等，更要做到心里没有声音，即使在热闹场所，心灵仍然澄澈灵明，丝毫不为外境所动。此时，就是心灵的宁静，心灵的庄严；道德可以完成，人格也可以升华。

以下说明在宁静中如何能安放身心：

（一）宁静中有宽广

内心的宁静，可以扩大一个人的精神领域及心灵世界。当我们把心静下来时，平时所想不到的问题，往往就可以想到，记不起来的事情也可以记起来。

当然，使内心宁静或参禅，并不是为了想起旧日的事情，宁静中的世界很宽、很大。我们不必在人我是非的小圈子中打转，因为在烦恼喧哗的外在世界里是无法解脱的，好像钻牛角尖一样，越钻越小，我们应该把心胸扩大，从宁静中体会三千大千世界的宽广。

（二）宁静中有富庶

俗语有云"沉默是金"，这句话的意思是宁静里含着富庶。一个人熙熙攘攘地忙碌过一生,拥有功名权势,拥有家财万贯,出门汽车,入门洋房,甚至拥有娇妻美妾,子孙满堂,这样就是富庶吗?其实,人生真正的富庶含藏在宁静中。

当一个人静静独处时,可以仰望蔚蓝的长空、飘动的白云,宇宙是那么广阔;或是一卷在握,上下古今,多少英雄豪杰与我对话,竖穷三际,横遍十方,一切尽在我心里,可以任意畅游在太虚之中,能说不富有吗?生而为人,重要的不是拥有外在的财富,而是拥有心灵的智慧及宁静的生活。

一个人一天当中,如果缺乏 30 分钟乃至 10 分钟的宁静,那么精神生活一定非常贫乏。学院为什么规定每周放假一天?这是为了让学生有自己的生活,体会宁静的乐趣。在一年当中,至少要有一个月的宁静生活,因为没有宁静生活的人生,会迷失方向、忘记自己,只有懵懵懂懂,任人牵着鼻子走。唯有在宁静中,才能面对问题,与自己交谈,才能达到"身心安泰"的境界。

(三) 宁静中有平安

人若是每天生活在浮躁动荡之中,会处处埋伏着侵犯德行的陷阱。如果能把自己安住在宁静之中,就会感到平安。印度圣雄甘地,虽然一生大部分的时间都住在牢狱里,但是,由于他内心的宁静、淡泊,所以处处感到安稳,不会心有不平。

知足的人,即使身处地狱,也会觉得像在天堂一般。有了宁静的人生,到处都可获得平安。当我们或坐或站都觉得不称心遂意,是因为内心浮躁不安,不能平衡。内心如果能宁静,即是所谓的"自觉心安,东西南北都好"。宁静能使人心安,并使瞋恨心调伏;

内心平静，则待人处事永远祥和，争执的弊端就永远不起。所以，宁静中有平安。

四、从信仰中发掘能源

世界性的能源危机，会带给世人不安与骚动。因为能源缺乏，汽油涨价，汽车不能常出去跑，电灯不能随便开用，冷气必须尽量节省，一切物质都供应不足。在物质文明发达的现代，居然还有能源缺乏的危机，可见科学与物质文明的效用是有限制的。然而，我们心里的能源，则没有缺乏的时候，每个人的心里都有无限的宝藏，人人都可以去自由开采。

我们如何开采自己内心的能源呢？应以"信仰"来开采。《华严经》云："信为道源功德母，长养一切诸善根。"信仰就是力量，一个有信仰的人，内心充实，他看这个世界，到处一片祥和；一个没有信仰的人，他的心境就不同了，由于没有心灵的皈依处，会感到这个世界很贫乏，甚至觉得人生很空虚。有信仰的人生才是美满的。

信仰与能源的关系可用下面三点来说明：

（一）信仰可以发掘智海的能源

我们每个人都有一个如大海般深邃广阔的智慧宝藏。此内心的智慧能源，才是真正的无价之宝。佛法四句偈的功德不也是胜过三千大千世界吗？由此可知，智慧不是物质上的财宝所能比拟的，而这个智慧的大海，必须用"信仰"来发掘。所以说"信仰"可以发掘智海的能源。

(二) 信仰可以发掘慧山的能源

能源在哪里？在深邃的海底，也在高耸的山上。有人说，台湾是个美丽的宝岛，一般人只以为台湾"四季如春，物产富饶"，其实，台湾的可贵处并不仅在于此。台湾的山脉连绵，那儿有无限的宝藏；台湾的山林苍翠，那是台湾的生命线。如果将台湾山脉里所蕴藏的资源，全部开采出来，能让人民生活丰富，精神愉快。但又何妨留一些给后代的子孙，让他们还能看到青山绿水的大自然之美呢？

山上有能源，海底也有能源。所谓智如海，慧如山，我们除了入智海去发掘能源，还要登山去开采慧山上的能源。登山固然艰难、危险，但是却能从中得到很多益处。为什么许多高僧大德要到山里潜修？为什么不到交通方便、物质丰富的都市去？因为山里面所拥有的物质比都市更丰富。

喜欢登山的张培耕先生曾说："登山的人与久住城市的人，对事情的看法往往不一样。登山者，他拥有广大的天地，心胸开阔，对人间的是非更能坦然视之。"

往圣先贤与高僧大德们，入山隐居修行，一住就是几十年，佛教青年来到佛门，也要立下志愿："多少年不下山，多少年不出山门，等到有朝一日学有所成时，再深入社会去弘法度众。"唯有如此，才能觅得丰富的宝藏。

(三) 信仰可以开采佛性的能源

信仰有什么用处？信仰可以净化我们的身心，可以增进我们的道德，可以升华我们的人格，可以做我们生活的指标，除此之外，信仰还可以发掘我们佛性的能源。

"一切众生皆有如来智慧德性","众生皆有佛性",佛性是什么？是成佛的"能"。这个"能"比原子能更可贵，原子能固然可以改善人民的生活，解决人生的问题，但是，它也可以用来残杀斗争，毁灭人类，可见世间上的东西是有利必有弊的。唯有佛性的能源，是"人人本具，个个不无"，"有百利而无一害"的。

那么，佛性要如何去发掘？俗语有云："各人吃饭各人饱，各人生死各人了。"佛性能源的开采，别人不能替代，唯有靠自己用心去开采发掘。要使佛性显发出来，则读书求佛法要认真，诵经礼佛要虔诚，如同开山一样，要一铲一铲地挖，一锄一锄地掘，经过一番血汗辛劳，成功的果实自然能展现在眼前。

每个人必须立志做发掘自己佛性能源的工程师，只是这种工程比一般的修桥铺路、建造房屋更不容易，需要付出长年累月的恒心与毅力。

五、从合群中广结人缘

在团体中生活，如果没有合群的性格，便不能体会团体的乐趣。有些人虽然处在团体里，却很孤独，不论什么人，都不关心，不论什么好事，都不中意。这种冷漠的人，在团体里面，可说是残忍的根苗。学校教育有所谓的"德、智、体、群、美"五育，其中的"群育"，在现代社会中是极为重要的。我们身为一个佛教徒，在团体里不能没有合群的习惯与德行。

下面举出三点加以分析。

（一）人不能离群索居

《维摩经》上说："佛法在众生身上求。"没有众生就没有佛道，尤其对于思想、意志、立场不一样的人，也要容忍，并要有殊途同归、并肩合作的气度。

英国有工党与保守党两大主要政党，工党因执政太久，保守党就慢慢衰微，此时最担心的不是保守党而是工党，因为如果保守党衰微了，工党在没有敌对党的情势下，就无法再进步。这件事很有启示的意义，对于与我们立场、意见不一样的人，应该心生感谢，因为他们是我们最好的逆增上缘。天下是大家的，不必要求每一个人都和我们一样。而世界既然是千万众生共同的世界，我们怎能离群索居，单独生存呢？

有个故事说：有一天，世界发生了战争，不断地打来打去，战到最后，世界只剩下两个人，由于彼此立场不同，继续再打，结果其中一人死了，只剩下另外一人。当这个人高喊"我胜利了！"的呼声，可是旁边没有任何人可以听到，也没有人分享他的喜悦。他口渴了，想喝水，可是没有水可喝；肚子饿了，可是没有人做面包，这时他才觉醒到世界上应该多留一些人，毕竟自己单独一个人是无法生存的，需要有别人、有团体的存在。所以，一个人离开了团体，是不能单独生活的。

我在高雄创办寿山佛学院时，听说台北有太虚佛学院，由很多人经营合办，而且办得很好。我知道了以后，内心不但不嫉妒，反而很欢喜。我高兴佛教教育日渐兴隆，也高兴有竞争的对手，可以互相观摩，为了不输别人，自己必须更求进步。所以，有人比我们好不是障碍，反而是促成我们进步的增上缘。

现在的基督教除了办医院、学校外，还从事监狱布教及电视宣传。对此，我不但不讨厌，反而从心里感谢他们。近几十年来，佛教界像一头睡狮般慢慢地醒过来，开始从事电台广播、冬令救济、创办医院、筹设学院及宣传布教等社会事业，这都是基督教的功劳，如果没有基督教的刺激，佛教界的人还在老僧入定，没有人想到应该从事社会福利工作呢。

（二）人要靠因缘生存

人所以能存在，是靠众多的因缘关系。佛教界常有一些现象，如这个宗派容不下那个宗派，男众看不起女众，出家人看不起在家人，老的看不起小的。其实这都是错误的，佛教人士是彼此相互需要的。

很早以前，演培法师曾对我说了这么一句话："某人在某处建庙、起精舍。"

我说："这事与我们有什么关系呢？"

他说："我们从此又多了一个地方可以弘法，又多了一个地方可以挂单吃饭。多了一间寺院，就多了一个使佛法振兴的助缘啊！"

的确，佛教要靠众多的因缘才能发展，彼此都是息息相关，大家应该互相提携，彼此合作。

（三）人要靠众缘成就

世界上许多成功立业的人，所以能够成功，并非仅靠自己一个人的力量，实际上，部属也是很重要的关键；因为成功的人，常是由部属塑造起来的。譬如打胜仗而成名的将军，他的伟大，不知是多少部属的血汗付出，所谓"一将功成万骨枯"。佛教界受人崇敬的印光大师，是因为有很多在家信徒，敬仰印光大师而拥护他成为一个楷模；太虚大师所以成为当时佛教界的偶像，是因为那个时代的佛教青年了解大师的抱负，而以他作为效法的对象。

《成佛之道》书中有一句话说："要得佛法兴，除非僧赞僧。"一个人想要成功，首先要广结人缘，所谓"佛道未成，先结人缘"，广结善缘是很重要的。很多有学问有势力的人，为什么做起事来，却处处不顺利？其原因何在？就是因为人缘不够所致。由此可知，欲成就一件事情，必须众缘和合；独木难撑大厦，广结人缘是非常重要的。

六、从悲愿中奋勉学习

学习佛法的目的为何？为什么要学佛法？学了佛法可以赚钱吗？学了佛法就有衣服穿吗？学了佛法就有饭吃吗？学佛法是为了逃避现实，只求做一个自了汉吗？当然不是！我们学佛是为了净化自己，是为了发大悲愿广度众生，是为了复兴佛教。

以下分三点说明学佛的目的：

（一）为净化自己而来学佛

一个人想要学习佛法，如果不从慈悲中去学习，或者不从发愿中去学习，那么学习就没有力量。我们是为了求道而来，不是为床座而来，更不是为自己的安逸而来。佛法无量义，以净为本。佛法再多，如果不能净化自己的身心，就不能与之相应。所谓净化，不仅思想要净化，眼、耳、鼻、舌、身全部都要净化，唯有身心都净化，才能与佛法契合。

（二）为广度众生而来学佛

学佛，不是为求名利而来，也不是为逃避社会责任而来，应是为广度众生而来。一切的佛法，皆是为对治众生的贪瞋痴等病，所谓八万四千法门，即是为了对治众生的八万四千烦恼。学佛，是为了广度众生，因此，学佛的态度，不能像一般的哲学家，只在文字、理论上分析，口头上空谈，或像一般的历史家，只在历史事项或典籍史料上去考据求证；如此皆脱离了佛法的本义。佛法重视的是众生的实际生活及解决众生的痛苦。所以，学佛必须发大悲心，以广度众生为前提。

（三）为复兴佛教而来学佛

《成佛之道》一书说："不忍圣教衰，不忍众生苦，缘起大悲心，趣入于大乘。"学佛，除了为净化自己的身心、广度众生，还要有复兴佛教的悲愿。譬如为了宣扬教法，可以忍苦耐劳；为了维护教团，可以自我牺牲；为了服务众生，可以献其所有；为了信仰佛陀，可以舍身舍命；为了复兴佛教，人人都须发坚固愿，立恒常心。

"国家兴亡，匹夫有责"，我们每一个佛弟子也应该有"佛教兴亡，佛子有责"的雄心与悲愿，只要圣教兴，个人存亡在所不惜。如果每位佛子都能有这种悲愿，则衰微的中国佛教，一定能重振昔日的光辉。

佛教青年成功立业之道，分成四篇，每篇各以六点来说明，希望今日的佛教青年，能够实时觉醒，因为时代的重任已经落在青年的肩膀上。为了广度众生，为了续佛慧命，佛教青年应该先从充实自身、改变气质做起，发慈悲心，立坚固愿，相信未来的佛教，即能如丽日中天，光灿寰宇。

1976 年 6 月讲于佛光山"中国佛教研究院"

如何做一个出家人

出了家,应时时摄受自己的身心,如制伏失缰野马,
时时不忘自己是大圣佛陀的弟子,要与佛教共患难,
尽到佛弟子上弘下化的任务,才不愧是一个出家人。

发心出家,又发心求受戒法,为的就是把出家人做好。受戒固然是出家人的终身大事,但不是受完戒就算数,重要的是如何做好一个出家人。

出家身份非同往昔,和一般世俗人大不相同。佛陀在《佛遗教经》中对出家沙门训示:"当自摩头,已舍饰好,着坏色衣,执持应器,以乞自活,自见如是。"佛陀强调作为一个沙门释子必须严持净戒,不能失去出家人应有的本色。

如何做好一个出家人?以下分为十二点来说明。

一、去傲慢、受委屈

有人说,出了家就是人天师范。的确,出家人是要统理大众的。因此,我们必须了解:越是伟大的人越谦和,佛菩萨都非常慈悲,而傲慢与出家法是不相应的。

一个人傲慢心没有降服，目空一切，就伟大不起来，人格也不能俱全，将来如何成为人天师范？受完戒后，开口闭口就说："我是受过具足戒的比丘、比丘尼，至尊至贵。""我是学过戒法的法师。""我是师父，大家应该听教于我。"优越感于是兴起，傲慢于是抬头。但是已出家，应自问：有多少的佛法可以度化众生？有多少的慈悲可以济拔众生？有多少的忍耐可以为众生受苦？有多少的能力可以贡献众生？

身为一位人天师范，已具足比丘、比丘尼的条件了吗？徒然拥有出家的虚名，而不能名实相符，成为实实在在的出家人；如果佛教中有许多这样的出家人，佛教如何能兴盛？本身不健全，又如何去度化众生？

很多大德开示后学说"你要知道苦恼。"这句至理名言对于修行人很有帮助。因为，一个苦恼的人，会安分地坚守出家人的本分，不会凭着聪明去为非作歹。所以古人说："唯智者与愚者不移。"我们宁可做一个苦苦恼恼的惭愧僧，也不做一个傲慢自大、危害佛教的聪明人。知道苦恼的人，对自己的缺点会生起一种惭愧忏悔的心，这股自觉的力量，就能推动我们向善。因此，知道去除傲慢是出家人最大的本领。

如何才能具有去除傲慢的大本领呢？就是要肯接受委屈。这必须有大本领、有坚毅力的人才能做到！到别的道场参学挂单，首先要接受知客师父的百般质询，如果不能低声下气、委曲求全，就不能参学挂单。过去的大德为了要挂单，即使吃了闭门羹，被摈拒门外多日，也都毫无愠色地忍受，为的是能求法参道。譬如浮山法远禅师，就是通过这一关的考验而成大器的。

到外面的道场参学求道，一定先从淘米、煮饭、洗菜等最基本的工作做起；由这些最基本的功夫，磨炼出家人忍受耐烦、禁得起委屈的个性，而成为法器。如寒山、拾得、六祖惠能，就是如此成就他们的人格。所以，出了家要学习从工作中委曲求全，磨炼自己的品格。

出家为僧，僧的意思是大众，所以说佛法要在大众中求，离开大众是不能得到佛法的。也许有人会说："我又不住大丛林，我只要在小寺庙修行，就不必和大众在一起。"即使是小寺庙，也有师父、师伯叔、师兄弟及寺中大众，各有各的立场、见解，如果不能忍耐、接受他们的要求，如何能生活在一起？

真正伟大的人，愈能谦卑及受委屈。田中的稻麦越是成熟，穗子俯得越低；想成为伟大的人，也一定要受得起委屈。好比生铁要锻炼成钢，一定得经过烘烤、锤打；受得起委屈，人格自然能升华，受不得委屈，稍不如意就闹情绪，整日活在烦恼之中，人生有什么乐趣可言？况且出家就是要度化众生，拔除众生的痛苦，把欢乐散播给大家，如果自己老是心情不好，需要别人来安慰，如何去解决别人的苦恼呢？所以，出家学菩萨行，要学习把众生的委屈、烦恼背负在自己的身上。

受委屈就是受气，受气愈多愈能健全，受委屈愈多愈能伟大。在受气、受委屈之中，我们可以体会坚毅、宽容的重要。一个时时需要受呵护、禁不起稍微挫折的人，是永远无法成熟的。所以戒期时，戒师对戒子特别严格：眼睛东张西望就责骂、讲话攀谈就喝打、走路不规矩就惩罚。并不是戒师和戒子有什么不共戴天之仇，非得如此苛薄对待，而是要训练戒子能受得了委屈，成为一个坚强的出家人。

俗话说："人伦常在忍中全。"世间的人际关系尚且需要以忍耐来成就，何况要成为人天师范的出家人，更应该以忍耐来庄严自己的德行。如果受不得一点委屈，又傲慢自大，即使受了戒，也不能算是一个健全的出家人。

贡高我慢，不能受委屈，不是一个有能力的出家人；有本领忍耐一切的磨难，才是有力量的出家人，就如一艘在狂暴雨中行驶的船只，若能通过巨浪的吹打而不沉没，最终必能到达安全的岸上。因此，要成为一个出家人，首先须去傲慢、受委屈，去除了傲慢，就能虚心地接受别人的教导；受得了委屈，就能温和地克服许多艰难；受得了摧残，才能成器。

二、勤劳务、惜福报

出了家，要把自己奉献给佛教，为大众服务。自古以来，伟大的出家人不是坐着等人来服侍，也不像高官贵族一般差奴遣婢，而是甘心情愿做众生的牛马，为众生奉献生命。

古人说："业精于勤而荒于嬉。"社会上的人士，如果想开展事业，一定要勤劳工作，运用双手、头脑，努力去经营。出家办道，更应该勤劳务，才能有所成就。农民在春天辛勤地播种、插秧、灌溉、除草，秋天来临，就能收到累累的果实。天底下没有守株待兔、不劳而获的事，社会上的每一个人，对于社会、国家，尚且要负起一份责任，何况我们佛弟子，抛开了家庭，投入更大的僧团，目的是把自己毫无保留地献给大众，怎么可以不勤劳务，而成为社会的寄生虫？

《易经》云："天行健，君子当自强不息。"大自然是多么勤劳，四时如序更替，万物依时荣枯。要成为世间的君子贤人，必须自强不息，努力不懈，身为人天师范的出家人，怎能懒惰不工作呢？出家要学菩萨大道，菩萨是席不暇暖、马不停蹄的救拔众生的痛苦，解决众生的烦恼。所以，要成为一位堂堂正正的出家人，必须勤劳务，不劳务就不能与出家法相应。平时我们以为打坐参禅、诵经拜佛，才是修行，其实，搬柴运水、种菜莳谷，一样是修行。从实际工作中，可以庄严我们的道行，使我们得到身心的安然自在，对大众也能尽到一份力量，哪怕是扫地煮饭，如果好好发心去做，也能肯定自己的存在。

从工作中我们可以体会到生命真实的意义；从劳动中我们可以品尝到人生真正的快乐；从服务中我们可以了解到人性珍贵的价值。古来的高僧大德，就是在劳务中，把自己融合在佛法与大众里。

譬如大圣佛陀，亲自为弟子缝补衣服，修理门户；百丈禅师树立"一日不作，一日不食"的风格，为中国僧伽留下了楷模，近代的印光大师、太虚大师、守培法师、虚云和尚、弘一法师等，无一不是身体力行，勤劳不息。他们自己扫地、剃头、洗衣，不随意麻烦徒众，终身更不轻易打扰别人。我们的德业有他们崇高吗？我们的修持有他们精进吗？要做好一个出家人，应该学习古今大德们的勤奋工作，以我们的双手、劳力，来庄严自己的国土、道行。

佛陀在世时，阿阇世王以珍奇美物供养提婆达多，佛陀于是告诫弟子们："芭蕉的心如果饱满，驴子如果怀有身孕，就离死亡不远了；小人如果得到财物供养，离灭亡就很近了。"后来，提婆达多因为骄矜意满，叛教破众，堕入地狱，可见财物危害之大。

我们要体会菩萨的用心，上契历代大德的精神，自己的生活要靠勤劳换取。勤劳的人，永远不会感到贫困；如果勤劳不够，更应爱惜自己的福报，生活所需，当思来处不易。现在家家都有自来水管，用水很方便，但是也不能浪费，没有节制。依佛法说，我们一天只能用7斤4两水，以此标准来要求现代人，洗脸都不够呢，比起古人我们所浪费的福报实在太多了。虽然水费不高，但是任何东西，都是物力维艰，对于一粥一饭、一羹一菜，要时常想着其来源之不易。

有一首描写农夫耕种的古诗："锄禾日当午，汗滴禾下土；谁知盘中餐，粒粒皆辛苦。"我们生活所需，无一不是靠着社会大众的分工合作，搬运输送才能获得，我们有什么福德，堪受如此的护持？若不珍惜福报，实在愧对大众。好比在银行存款，只知挥霍，不知储蓄，等到钱都支空了，怎么办？平时不知惜福，等到福报用尽，用什么道粮来资养自己？就如天人福报享尽，还要再来轮回受苦。所以饭前五观想，就是在警惕我们不可浪费福报。

古代的大德高僧，爱惜福报有加。在《高僧传》中记载：高僧们如果不是阅藏看经，绝不轻易燃蜡烛；不是拜佛课诵，绝不随便穿鞋走上佛殿；不是供佛待客，绝不轻易加一样菜。一件衣服，一穿就是一二十年；一袭袈裟，一披就是一生。他们生活力求简单，名利力求淡泊。一条毛巾，用了几十年，破烂不堪，仍然舍不得丢弃；一张床，睡了几十年，吱呀作响，依然睡卧无忧。身为出家人，应自问，能够像他们一样惜福吗？

我年轻时所参学的大丛林，住众、学生有好几百人，但是一星期下来，字纸篓里面，找不到垃圾。现代寺院的垃圾箱，常常一会儿工夫，垃圾就满了。现在的人，需求增加，浪费的物质就多了。

别人常会对我说："你真有福报！"我觉得不是我有福报，而是惜福报。我的福报从哪里来？你们吃剩的残羹剩饭，我觉得是珍肴美味；我穿着鞋子，爬山作工，一穿几年也不容易坏，因为我训练自己，穿的时候，脚步要放轻，小心爱惜；天气热，我也不吃冰淇淋、可口可乐，因为我不愿把钱花费在这上头。

在最初参学的十年中，我从来不曾看过、听过"水果"，更遑论吃了，现在虽然有水果，也不会特别想吃，因为我没有需要的习惯；对于纸张，我舍不得任意丢弃；平时衣食只求御寒果腹，不求豪奢，更不曾想到要添置屯积，因为没有购买的欲望。我认为身为出家人，要有爱惜福报的美德。

惜福不是悭吝，是对自己要求严格，不浪费财物，不劳烦他人；但是对别人要有供养心。唯有珍惜福报，自我要求严格的人，才会宽容待人。我们应该常常思维：自己有何功何德？从孩提时代，父母含辛茹苦养育我，师长不孜不倦教育我，社会人群源源供给我，国家民族保护我。出家了，受到三宝的加持，常住的摄化，而我们对父母、师长、社会、国家、三宝、常住，能有什么贡献？若还不懂得爱惜福报，发心劳务，那么形虽出家，也永远求不到佛法。

戒律上记载：如果有信徒供养出家人，即使 30 里路远，也要去应供，否则就是懒惰僧。佛陀的用意是：想吃饭就要多受辛苦，勤劳才能和众生在一起。不知勤劳，不懂惜福，如何做好一个出家人呢？

三、有热忱、爱佛教

有的人出了家，冷漠不热情，这是很不好的恶习。许多佛教徒最初接触佛教时，常觉得佛教好冷漠，出家人对在家人爱理不理的。虽然出家人要注重威仪，不随便嬉笑，但并不是呆若木鸡，毫无表情，或者冷如冰霜，没有笑容，出家人应该把慈悲、祥和表现出来，使信徒觉得和蔼可亲。

有人说："出家人不能有感情。"出家人不是不能有感情，而是要净化感情，转化感情，把私情净化成爱众生的大有情，把贪爱物欲的情念，转化成爱护真理的热忱。出家学佛，先学习爱护佛教，学习爱护众生；不爱佛教，不热心卫护佛教，还算得上是佛教徒吗？

《梵网经》说："菩萨闻外道恶人，以恶言谤佛戒时，如三百矛刺心，千刀万杖打拍其身。"菩萨爱道护教，不遗余力，只要佛教存在，自己肝脑涂地、粉身碎骨也在所不惜。由此可见其爱教之真切。

今日的佛教，最大的弊病，就是自私自利，宗派观念及门户之见过于根深蒂固；人我分际、地域观念，牢不可破。目睹这些现象，能忍心袖手旁观吗？佛教教育不能普及，能不发心奉献吗？佛教慈善事业不能开展，能不发心从事吗？出了家，要拿出青年的热忱，为佛教做一番事业，如同太阳给大地温暖般，无私地爱护我们的佛教。

也许有人会说："我是小人物，救佛教、救众生是大法师的事。"不可以如此妄自菲薄。俗语说"国家兴亡，匹夫有责"，同样地，"佛教兴亡，佛子有责"。出了家，就要以佛教为家，以佛法为依归，一般世俗人，尚且爱他们自己的家，如果我们不知道爱自己真理之家，不是比世俗人愚痴吗？佛教是每一个佛弟子的依靠，人人都应该有"护教卫道，舍我其谁"的气势，怎可分人我彼此，推诿责任呢？每一个佛弟子，都应该把佛教的利益建立在自己的利益之上；宁可自己吃亏，也不让佛教损失，不如此就不是佛弟子。事实上，唯有佛教兴盛，佛法发扬，佛弟子才能存在。因此，每一个出家人，都应把身口意奉献给佛教。

常听人说："我已经献身给佛教了。"懂得为佛教奉献一切固然很好，但是更要常常自问："我现在究竟能献给佛教什么？"过去我们所谓的佛，就是自觉、觉他、觉行圆满的圣者；现在我们所谓的佛，是有热心、有慧心、有悲心的人。身为佛弟子，要学佛之行，与佛并肩，也要具备热心、慧心、悲心，把自己和佛教合为一体；不能合一时，也要以佛教为第一，我为第二。以佛教的兴衰为自己的存亡，以众生的苦乐为当先的急务。常常自励：我是否有足够的悲心慈悯众生？我是否有无比的热心为佛教努力？佛教的前途我是否关心？佛教的弘扬我积极从事了吗？把爱佛教的热忱激发起来，只要佛教能兴隆，即使以身殉道，也毫不遗憾！这才是身为现代佛弟子应有的本分。

四、发信愿、真修行

《华严经》云："信为道源功德母。"佛法如大海，浩瀚无比，唯信能入；佛道如高山，崇高无匹，唯愿能达。我们不妨扪心自问：对佛教的信心已经具备了吗？相信教主佛陀拥有完美的人格吗？相信他是宇宙第一大觉完人吗？相信他可以救度我们脱离苦海吗？相信跟随他，人身就不会沉沦吗？对于佛法教理都能信受奉行吗？

对佛法的因果业报是否毫无怀疑、至诚恳切地相信呢？是否真的用心探讨佛法、发心弘扬光大呢？是否对僧团贡献出所有力量，并有信愿使它健全呢？有了信愿，一切才能完成。有信愿，好比船只有了动力，能迅速到达目的地。

信愿是趋向佛道的力量。初入佛门要坚定大信心，相信自己所选择的是宇宙无上的真理。对佛法产生坚定不移的信心之后，就要勇往直前，即使是千万人阻挡，也毫不退缩。《大般涅槃经》云："有信之人则名可治，定得涅槃。"对佛法起大信心，就能依着佛菩萨的教诲，乘着信心的舟筏，到达涅槃的彼岸，所以信是一切善根的种子。若对佛法不能深信不疑，对佛法所指导的一切，自然无法接受，如何能获得大自在呢？好比一个病人，对医生充满信心，听从医生的诊断，自然药到病除；如果对医生不相信，不敢服用他所开的药方，病如何能好？所以，学习佛法，信心很重要；要正解信乐大乘经典，并且终生受持读诵。

有了信心，更要发愿。愿力好比时钟上了发条，准时行走；愿心像一股力量，是推动一切的热能。譬如每天拜愿忏悔，无始以来的罪业，就可以借着这股愿心所产生的力量，及虔诚的忏悔心而洗涤干净。所以，发愿很重要。历来诸佛菩萨发下多少恢宏大愿，庄严了无尽的国土，也引度了无边的众生。

发了誓愿，仿佛立下功课表的学生，给自己增加了责任，就会努力完成。对于四弘誓愿，我们扪心自问：是否真的实践了？做到了几分？出家学佛，若想在佛教中植根深厚，就要培养坚定不移的信愿，对佛法深信不动摇，发大愿努力从事弘法利生的工作。

慈航法师在汐止办学时，曾担心自己圆寂后，弥勒佛学院的经济来源短缺。于是，发愿圆寂后要肉身不坏，让信徒来瞻仰。如今慈航菩萨的肉身还供奉在汐止，受人礼敬，愿力使他成为万人景仰的高僧。过去以来的诸佛菩萨，无一不是从其愿力中成就的。无愿力一切都是虚浮的，没有信愿，稍遇魔障就退心，即使受戒持戒也会大打折扣。

佛教讲信解行证，对佛法具备大信心，发下大愿力之后，更要确实力行，从教理教义去解证，或从拜佛、禅定、工作及生活中修行，没有实际去修行，即使发了信愿，也是没有作用，好比已上弦的弓箭，若不发射出去，永远无法射中鹄的。

如何真实修行呢？修行并不是容易的事。诗云："坐破蒲团不用功，何时及第悟心空。"在佛殿礼佛时，眼睛虽然看到佛像，但是心中真的有佛吗？念佛拜佛，真的与佛同在吗？诵读经典，真的感受到与宇宙的真理合而为一吗？穿衣吃饭，是否怀着感恩的心？行住坐卧，是否时时都有威仪？芸芸众生的苦，犹如切肤之痛，发心济拔吗？无明烦恼时，有痛下决心破除吗？如果肯用心体会，脚踏实地用功夫，才能进入佛法的堂奥。

许多人都能熟记四弘誓愿："众生无边誓愿度，烦恼无尽誓愿断，法门无量誓愿学，佛道无上誓愿成。"但是却没有人敢说："我要度无边众生，我要断无尽烦恼，我要学无量法门，我要成无上佛道。"必须当仁不让，当下承担，才是有信愿、真修行的人。

五、改习气、养威仪

有句话说："江山易改，本性难移。"这个"本性"，依照佛法来说就是习气。受戒持戒容易，但是要改掉习气很困难，所谓"积习难返"，就是这个意思。习气不改，威仪就无法庄严，所以改习气、养威仪，对于一个出家人是很重要的。

有人会认为："我很好啊！没有恶习呀！"其实，自己身上有没有一些习气，往往自己都不知道。所谓"习气"，是已经习以为常，而变成自己的一种气质，所以没有自觉性。譬如有的人喜欢嬉笑，就是习气；有的人烟瘾很大，抽烟虽不犯戒，仍然是习气；有的人喜欢嚼槟榔，满地乱吐，吃槟榔虽然不是罪过，只是一种嗜好，但还是恶习。

习气，也是一种爱恋执着。有的人一定要穿某一种质料的衣服，喝什么牌子的牛奶，用什么名牌的物品，这些都是不好的习气。有的人睡觉要有固定的床铺，换个地方就睡不着，这也是坏习气。有的人早上不吃饭，只以零食点心果腹，凡此，不好的习气，实在太多了。甚至有些出家人喜欢用花露水，吃人参补药，这更是要不得的恶习。习气不改除，清净的佛法是不能进入心中的。好比装了秽物的器皿，干净的食物如何装入？唯有去除恶习，才能长养威仪、师范人天。

养威仪特别注重"养"这个字，即威仪要靠自己在日常生活中慢慢培养，别人是帮不上忙的。良师益友等善知识，虽然可以不时从旁纠正提醒，但也无法老是跟在身边，还是得靠自己细心揣摩、用心修养。有人出家好几年，还不时哼唱流行歌曲，这就是坏习气、没有威仪。有的人出了家，不弘法利生，到处攀缘流浪，应酬交际，这也是坏习气、没有威仪。

去除恶劣的习性很难，而保持优良的德性更不简单。例如佛学院的同学，虽然历经三年折棉被、整理内务的严格训练，一旦毕业离开了，很快就故态复萌，脏乱一如从前。三年如此长久，尚且难以保持，何况只是接受短短两三个月的戒期仪规，更容易忘记。因此，不仅在戒期中要整理好内务，小心训练走路，使威仪具足，出了戒场，也要保持行住坐卧的威仪，使其成为生活的一部分，则举止言行，自然充满威仪。

古人云"身教重于言教"，威仪比说教更容易度人。在《阿含经》中记载：有不少外道，对佛法毁谤不已，但是看到佛陀的庄严相好，却身不由己地皈依佛门。现在有不少人，也是看到出家人威仪的外表，因仰慕而走入佛门。所谓"身教感人之深，深入其心；言教服人之利，止乎其口"。当信徒看到出家众排着整齐的队伍进入殿堂，他们也会自动排队，鱼贯进入大雄宝殿拜佛，这就是一种无言的教化。所以长养威仪，对化导众生是重要的功课，所谓"风行草偃"，出了家要着力于威仪的长养，不可掉以轻心。

有人认为习气只是个人的缺点，与威仪没有什么关系。佛经上记载：见思惑的烦恼容易断除，而习气不容易净涤。有不少罗汉虽然证得果位，但是习气仍然未除。譬如苦行很深的大迦叶尊者，平日严行谨言，不苟欢笑，但是喜极的时候，却会手舞足蹈；《阿弥陀经》里的憍梵波提尊者，不管吃饭与否，嘴巴终日咬嚼，如牛反刍；道行很高的金碧峰禅师，眷恋金钵不舍，贪心执着，差点丧命；也有证果的罗汉，如女人一般，喜欢揽镜自照，这都是因无始以来的习气使然。

习气是趋向无上佛道的绊脚石，作为一个出家人，必须改掉习气，将行住坐卧的三千威仪、八万细行，仔细揣摩，做得尽善尽美，像佛陀一样，累劫以来修好"三十二相，八十种好"，而圆满无缺。

想去除恶习，要在生活中多加注意，不娇宠自己。例如当身体略有不适时，不一定非得打针服药及吃补品，除非身体虚弱，非得靠补品来滋补身体，否则，不要养成进补的习惯。我过去受戒的戒场有好几百人，53天的戒期，虽没有医疗设备，但也没人生病。在我丛林参学的10年当中，物质匮乏，没有医务室，也不曾有人需要看病，人人身体健康，主要是大家心理健康，不养成依赖物质的习惯。所以，如能健全自己的心理，去除习气、长养威仪就不困难了。

六、除嫉妒、宽心量

佛教的出家僧团与社会的各行各业不同，社会上同一种行业叫同行，同行之间，竞争激烈，以打败对方、赢得顾客为目的。佛教不称为同行，称为同道、同修。所谓同道，就是共同走在真理的道路上，好比搭乘在同一条船上，行至江心，如果船上的人有二心，一定会覆舟灭顶。所以，佛教中的同道是亲家而不是冤家，彼此之间应该休戚与共、患难同当。

放眼今日佛教人士，互相友爱慈悲的固然不少，互相仇恨嫉妒的也不在少数。有些佛门中人心态不正常，见不得人好，又幸灾乐祸。自己不做的事业，看到别人积极从事，非但不加以赞叹，还给予恶意的诽谤、指谪，甚至是致命的打击。

譬如某人致力于佛学教理研究，就批评此人没有修行；某人专心修行，就批评此人不会办事；某人做事明快，就挑剔此人不够周密。在这些人的心目中，别人永远是错的。其实，这种幸灾乐祸的态度，是嫉妒心在作祟。因为别人的事业显赫，相形之下显示自己的贫乏，自己没有能力办到，也不想积极去做，所以看到别人的成功，由羡慕求不得而变为嫉妒中伤。这种同归于尽的心理，是阻碍佛教进步的因素。

许多人以为阻碍佛教进步的是外教，事实上，最不希望佛教兴盛的反而是我们佛教中人士。例如某人发心为佛教兴办一所大学，去密告阻止的是佛教人士；某人在海外创建佛教道场，接待世界佛教人士，给予攻讦非议的还是佛门中的人。目前的佛教界鼓励者少，毁谤者众；嫉妒使得佛教不能兴盛。过去有人说"中国像一盘散沙"，而佛教也如散沙般不能团结合作，甚至如藩镇割据，各立门户。古德说："要得佛法兴，除非僧赞僧。"我们这一代的佛弟子，应该放下成见，去除嫉妒，以随喜的心，来赞叹别人的成就。

作为一个健全的出家人，应该学习古德，宁可说自己不好，也不说别人不好；宁可赞叹别人，也不嫉妒别人。佛陀说："心包太虚，量周沙界。"虚空法界都包融在我们的心中，民胞物与，无所不容，何况是与我们同心协力、有志于佛法大业的同道，有什么不能包容呢？所以，要做好一个出家人，必须把嫉妒去除，把心量放宽，能容纳别人，别人自然也能接纳你。

几十年前，我曾到日本的道场访问，日本人对我说："你们台湾佛教的宗派虽没有我们日本多，但是你们人派之多，实在令我们望尘莫及。我们日本没有人派，只有宗派，各宗派之间，彼此竞相发展，但互不妨碍。例如你的宗派开创一间医院，我的宗派就兴办一所学校；你的宗派创办杂志，我的宗派就推行丛书、译藏经；你的宗派建设 3000 多平方米的讲堂，那我就建 6000 多平方米；你的宗派举行法会，有 10 万信徒参加，我的宗派就要有 20 万人参加。所以，我们日本的佛教，只在事业上互相竞争，不在人我上互相破坏。"由外国人口中，让我们客观地看到了中国佛教界的弊病。

中国佛教在隋唐盛世时，各宗派纷立，如百花齐放，众鸟争鸣。各派祖师大德，生于同一时代，如禅宗惠能、律宗道宣、法相玄奘、华严法藏、天台智颛，大家为了佛教，在教理上各自专一精研，并不彼此互相破坏，因而形成中国佛教史上的灿烂黄金时代。若想把佛教回复到隋唐时期的光辉蓬勃，首先须把出家人做好，去除嫉妒，放宽心量，坚守本职，赞叹别人。春天的时候，万紫千红，百花芬芳，彼此争妍斗丽，把春天装饰得多么华美！在佛教中，大家愈有成就，愈是佛教兴盛的气象，这是我们佛弟子所共同希望的，应该予以鼓励、赞美，不应嫉妒、排挤；互斥只会灭亡，只有互助才能共存。

七、避讥嫌，远世俗

出家人由于身份特殊，容易引人注目，因此要特别注意自己的言行举止，以避免不必要的讥嫌。过去，有一次我搭乘火车到台北，在车上用便当，因为便当内的菜非常像肉，于是退还给服务人员。有人说："我们又不是吃肉，有什么关系。"但是当时素料食物并不普及，很容易让不知情的人，误以为出家人也吃荤。

此外，尽量避免到一些非素食的小吃店用餐，虽然我们不吃鱼肉，但是踏入这种场合，总是易惹人讥嫌，让一些尚未亲近佛法的世俗人，对佛教产生误解。古人云"君子远庖厨"，何况是出家人，更应该远离这些讥嫌。有时看到一些出家人也出入市场买鱼蛋，虽然是买来喂猫狗，但是别人会批评："出家人也贪图刍豢甘旨"，由于很难对所有的人一一解释，所以，与其亡羊补牢，不如防患未然，不要招惹讥嫌。

出家人最忌让人议及男女的是非，譬如一个男众、一个女众，单独在一起，有说有笑，虽然是谈论佛法，但看在别人眼里，很容易引起误会。出家人对于这种讥嫌要尽量避免，男女众不可单独在一起。有时候看到一些年轻的出家僧尼，到电影院看电影，虽然看的是教育片，总是会招人侧目。有时在寺里看电视，让信徒看到了，以为法师没有拜佛诵经，不离娱乐，纵然只是看一会儿，也容易引人误会。

作为一个出家人，要时时记住自己是个舍弃世俗享乐，追求佛道的人，不能失去自己应有的身份，使佛教蒙羞。譬如有的人回俗家，或者到信徒家，看到小孩子很可爱，抱抱逗逗，别人会认为你心中还眷于情爱。因此，出家人不可以抱小孩，更不可涉足娱乐场所。

出家人要有为教争光的荣誉感，要为教争光就应避嫌，要避开讥嫌，就应有舍离世俗的心。平时常住在寺院里，不轻易涉足世俗之地；与信徒保持距离，引度他们到寺院来亲近佛法，即使是很拥护你的信徒，也不轻易拜访；不随意到百货公司，少上街买东西。总之，少出门，远离喧哗尘嚣，将身心安住在道场。

尤其刚出家不久的人，道心尚不够深厚，不可以在人口众多处居住，必须住在山林、僧团及可学处，等到植根厚实，才经得起考验。有的人，人虽在僧团，心却在世俗，不像个出家人。所谓出家人，最基本的条件，就是能够远离世俗之家，连这点都做不到，遑论出三界之家。现在，佛学院的学生往来信件比老师多，一个住众的电话比住持频仍，这样与世俗太接近并不好，不但易惹来讥嫌，甚至会退失道心。佛弟子迦留陀夷喜欢流连于世俗，引来不少讥嫌，甚至差点吓死善施的孕妇。佛陀因此制定过午不食的戒律，并且训示弟子，不可以太接近世俗，因为世俗的声色犬马，容易使人退失初心。

有些出家人，已割爱辞亲，远离父母了，却还认干爸爸、干妈妈及干兄弟姐妹，不知道是什么心理？作为出家人，宁可孤独，也不与世俗人结亲攀故、本末颠倒。既然出家受戒，就要守得住清净、寂寞、孤独，不能安于孤独、远离世俗，身心就无法安住在佛法之中，形虽出家，又有什么法乐可言呢？

八、勤学习、为度众

出家的目的，是为了度化众生，而众生有各种不同的根器，因此度众也要有种种的方便。有的人以为出了家，只要诵经拜佛修行就可以了，不必学习技能。菩萨有无量的方便，如果不多加学习，是无法度众的。

如果懂得医理，行医就是度众的方便；教书、办教育，这也是度众的方便；会唱诵敲法器，可以透过梵呗、音乐与信徒取得共鸣；善于烹饪，煮一桌好吃的素菜，可以和信徒结善缘；字写得好，可写佛教偈子送人，也是度众的方便法门，如弘一大师时常写字送人，深得信徒敬爱。会种花种树，将花草送给信徒，怡养身心、陶冶性情，花树也能变成度众的方便；会写文章，著书立说，文字就成为与信徒之间思想交流的桥梁。因此，学习得越多，在佛教中度众就越方便。

古人说：“活到老、学到老。”学问永无止境，要不断吸收新知识，化为种种的方便。譬如现在全世界各佛教间，彼此交流频繁，如果懂得英语、日语，语言就成为佛教发挥力量的方便；懂得建筑工程、水电设施，就能帮助道场的兴建。所以，学习愈勤，懂得愈多，就能为佛教付出更大的力量，度化更多的人。

出了家，不要急着出风头。当住持、当家没有什么了不起；做师父收徒众，也没有什么了不起。年轻有志的出家人，受了戒之后，要努力充实自己，把自己安住在一个地方，好好学习各种度众的方便。年龄大的人，可以找一个清净的地方念佛修行。总之，不是在智慧、知识及学问上用功夫，就要在修行上去着力。

做一个好的出家人，不是受了戒就算了，没有经过十年八载的磨炼，不容易把道学好。出家度众，任重而道远，好比出远门，如果不事先把资粮准备好，一定无法到达目的地。青年僧伽们如果不趁年轻的时候，好好积蓄道粮，为将来弘法利生作准备，如何担负如来家业？

佛教今日之所以不能有更大的发展，就是出家人太急于表现，不能养深积厚、长期规划地磨炼自己；犹如幼苗尚未长成，就急于砍伐使用，当然不能植林，更无法冀望有蓊郁的丛林了。美国发展太空探测，也是经过多年的计划、多次的试验，才有今日的成功。度众，是重大的任务，怎么可以不养深积厚、勤奋去学习各种方便呢？

九、应节俭、要知足

一般人只知道对于金钱要节俭、物质要节俭，却不知道节俭尚有其他意义。作为一个出家人，自然在金钱物质方面必须节俭，即使身无分文、身无长物也不要紧。此外，对于感情、时间也同样要节俭。

既然出了家，就不可以浪费感情，乱用感情，更不可自作多情。众生最大的愚痴就是多情。一旦被感情所牵系，就无法脱离生死苦海。感情太多，好比泛滥的河流，会造成灾害。对感情不能淡薄一分，道念就不能增长一分。所以想学道，就要学习淡情。道家尚且说"太上忘情"，更何况我们佛教！

佛弟子应以"把感情净化为慈悲"的态度来面对感情。感情是个人主观的好恶，是自私的；慈悲是完全为大众着想，是无私的。所以，世界上慈悲越多，人类就越和平幸福；感情越少，纷争就愈消弭不生。身为一个出家人，首先要淡化感情，去除私情，发挥佛教大慈悲的精神，三根普被，行化济众。

除了要节俭感情，更要节俭时间。时间就是生命，不爱惜时间，就是不爱惜生命。古人尚且珍惜寸阴，我们怎能不把握时间，好好修行办道呢？

一般人通常有凡事喜欢拖延的毛病。比如修行，我今年很忙，等明年再来修行；办佛事，今天事情太多不办，明天再办。什么事情都推拖到明天、明年，像这样不知道爱惜时间，就是浪费生命。

人的生命短暂如朝露，今天脱鞋上床，谁能保证明日能再穿上这双鞋呢？今天是最实在的，明天只是个永远无法把握的虚幻日子。所以，我们平时要养成一种观念：无论做什么事都要赶快，为善唯恐不及，所谓"今日事，今日毕"。普贤警众偈中说："是日已过，命亦随减。如少水鱼，斯有何乐？当勤精进，如救头然，但念无常，慎勿放逸。"要时时想着："我只有今天！"善加节俭时间，利用时间修行办道，才是懂得生命意义的人。

想节俭时间、节俭感情，须先从节俭金钱物质开始。出家人即使没有钱也不会妄求，金钱对于求道者，不但没有帮助，有时甚至是障道的因缘。过去有人上佛光山来随我出家，想把他家里的电视机、电冰箱也一起带过来。我对他说："你不能出家，因为你的东西太多了。"

"我自己不用，给常住大众使用。"

自己不要，献给常住，那也不行。因为当你看到有人在吃棒冰时，马上起心动念"那是从我的电冰箱里拿出来的"；听到电视机的声音，立刻便想"那是我的电视机"。像这样心中天天挂碍着电冰箱、电视机，怎么还有心思修道呢？

佛光山有位徒众，家人因为他出家了，想送他一栋房子，让他好好修行。我听了，加以劝阻，因为他的父母若这样做，这个弟子将做不好出家人。譬如，我稍微教训他两句，他会说："我受不了啦！我要回去住自己的楼房。"我责骂他两句，他会说："有什么了不起，我身边有的是钱，此处不留人，自有留人处。"于是另谋他处，半途而废。所以，出家人的东西越少越好，没有了世俗的东西，佛法才能长养起来。出家人对于财物不但要能节俭，最好是没有，所谓"置之死地而后生"，断绝世俗上一切可能的因缘，自然能在佛法中安住身心。

如果福德因缘很好，东西富足，也要广结善缘，布施与人。不要储蓄，储蓄多，对于一个出家人是很危险的，出家人应该是"财贫道不贫"。

出家人平时生活要知足；知足的人，即使睡在地狱也好比天堂，无一不是善处；不知足的人，就算睡在天堂也好比地狱，一无是处。古人云"知足常乐"，知足的人，即使穷无立锥之地，因对物质没有丝毫攀缘希求的心，自然不觉得缺乏。梦窗禅师说："知足第一富。"要做一个富贵的人，先要养成知足的观念。

数十年来，世界一直存在能源缺乏的危机。最主要的能源为石油，没有石油，汽车不能行走，工厂不能作业，一切只好停顿，所以，世界不能没有能源。但是，真正的能源在哪里？就在人的心里。

佛教说："万源归一心。"心是一切的泉源，心有无限的宝藏，取之不尽，用之不竭，没有恐慌的时候。如果能知足，不假外求，返求诸己，我们会发现：这颗心可以成佛作祖，这颗心可以拥有三千大千世界。宇宙星辰为我们而闪亮，奇花异卉为我们而开放，我们是天下最富有的人，除了此心，还有什么值得去攀求的呢？我们心中的东西那么多，不知道珍惜、探掘，还有什么比这更颠倒的呢？因此，作为一个出家人，除了要节俭，更要知足。

十、有自制、不放逸

出家后最大的弱点，是没有自制的力量。面对金钱的诱惑，没有自制力，很容易被买动；美色当前，没有自制力，很容易被迷惑；冤家仇敌碰头，没有自制力，瞋恨一起，就火烧功德林。有不少出家人，只因别人随便讲一句话，就火冒三丈；随便一点困苦折磨，就茶饭不吃，不理睬人，时时被情绪所左右着。出家本来是要度众，解决众生的烦恼，自己却动辄眼泪鼻涕不断，愁容满面，自己都没有力量度化自己，哪里还有力量去化导别人？

作为一个出家人，应该在心中时常想起："我何许人也？我是大圣佛陀的弟子，我是人天导师，怎么可以儿女情长，不能自制呢？"一个出家人，如果一切都要仰赖师长教导，时时需要朋友安慰，凡事要求别人帮忙，何年何月才能长大呢？已受具足大戒，成为人天师范，应该能自制自强，并担负众生的困苦。

出家人应该在思想上、精神上、意志上去冶炼自己，使自己迅速地成长、坚强，培养自我克制的能力，去除过去的陋习。过去轻浮、浪漫，由于现在已是受过具足大戒的比丘、比丘尼，要知道检束自己的浪漫轻浮；过去嬉笑、贪玩，而今已是住持大法的沙门释子，不能再如此嬉戏；过去没有定力，七情六欲形诸于外，今后身为人天师范的出家人，要加以克制自己。时时想着自己的身份不同往昔，以坚定的自制力量，时时摄持自己的六根。

能够控制自己的人，就能不放逸。儒家有"君子不欺暗室"、"不愧屋漏"之说，这种慎独的态度，即是有自制不放逸。能够控制自己的七情六欲，时时不放逸，即使温香软玉抱满怀，也不会怦然心动；纵然黄金美屋，双手奉献给你，也不会生起贪念。只要一想到"十目所视，十手所指"，君子之过如明月，人人皆见，还敢觊觎妄想吗？儒家尚且如此小心翼翼，佛道又怎能不更谨慎自己，时刻做到不放逸吗？学佛道上，不必假外力的牵制，直接观照诸法无自性，自然不会放纵自己的情欲；了知因果轮回的道理，自然能不放逸，而时时精进。

如何才能不放逸？就是一切言行都光明磊落，可以公之于众。有的人讲话窃窃私语，怕别人听到，一定是此人有不可告人之事，这就是放逸不自制。书信日记怕人阅览，一定是此人有什么隐私，这就是放逸不自制。做事怕人知道，行住坐卧神秘莫测，一定是此人行为不正，这也是放逸不自制。作为一个堂堂正正的出家人，应该凡事光明正大。孟子云："仰不愧于天，俯不怍于人。"把一切的秘密去除，做到"书无未曾经我读，事无不可对人言"。无一事不可对人言谈，如此就是自我控制不放逸。

十一、不争论、无怨恨

一般人所以有争执，是因为我执未除。出了家的人，如果"我执"很强，必然很容易引起争论。譬如有人指责你做错事，于是气愤填膺，回答说"我没有做"、"我没有说"、"我不服气"、"你如此冤枉我，我要和你拼命！"仇恨心如此重，是一个好的出家人吗？你骂我，我恨你，彼此怒目相向，动辄拔刀相对，这样还算是修道者吗？出家学佛，要学佛菩萨的行径；佛菩萨即使受到侮辱，也能以甚深忍辱波罗蜜，坚忍不动怒。

佛陀成道后，外道为了破坏佛陀，把女子装扮成孕妇以诬蔑佛陀，但佛陀并不愠怒，也不加争辩，谎言后来不攻自破。佛菩萨对众生加诸身上的侮辱，总是以慈悲怜悯来接受。众生以诽谤诬赖为乐，菩萨就以慈心布施他们；真理最后自然不辩自明。所以，作一个出家人，要学习放弃执着，不坚持己见，即使受到诽谤，也不反击；受得了摧残，才能成为法器。

有不少出家人，我执虽容易去除，但是学佛之后，又多了一重法执，而且，学佛愈久，法执更是根深蒂固。譬如你和他讨论问题，他就说"我以为如何……""我听人说，这个道理应该是这样的……"

"经上记载……"，一切一成不变，不能圆融变通。

再如各宗各派之间的仪规、走路行进的样子，可以争论很久；拜佛礼忏的仪式，可以争议不息。各宗各派，扬己贬他，门户宗派森立，格格不入。在印度于是有部派佛教之歧异，在中国则有十大宗之纷立。宗派的别立形成，固然有利于对佛教教理作一派深入的阐扬，但是，对于整个佛教的综合统一，未尝不是一种阻碍。趋而末流者，今日佛教界人士，彼此之间狭隘的地域、门派的争论，乃至利害争斗，成为佛教兴隆团结的致命伤。

言谈行事能远离争论，才是一个出家人。若有人好议人非，则远离此人，如畏鬼神；某地好武斗狠，远离此地，如弃火宅。没有争论的人，没有争端的地方，才有佛道。

佛光山1977年的传戒，创下模范戒期的诸多记录，我个人以为这些都没有什么了不起，有一项记录我觉得难能可贵，就是戒场中没有争论。譬如三师之间和气相处，没有争论；总开堂和引礼师之间，如仪教导戒子，没有争论；整个戒坛，一团和气。戒场的庄严与否，从有无争论就可以看得出来。

要做好一个出家人，不论别人待我们如何苛薄狠毒，转头即忘此人的缺点，不能耿耿于怀，把别人的不好，一直记放在心中；心量如此小，如何负荷佛法大业呢？心中污秽如此多，如何进入清净之道呢？所以，一个出家人，应该无隔宿之仇，不怨恨、不争论、脸上无瞋、口中无瞋、心里无瞋，能够如此，离佛道就不远了。

十二、淡亲情、求内证

出家人割爱辞亲，为的就是要求得佛道。古人想要光耀门楣，声播海内,总会离乡背井,求取功名;现代学人,想要学有所成,得负笈他乡。出家人要证得佛果,一定要离开家庭,到各道场去参学,或是住在山林茅蓬里潜修。因此,作为一个出家人,最基本的条件,就是能够舍离眷属,淡化亲情。

有些出家人已经出家了,还是常常回到俗家。哥哥结婚,回去一趟;妹妹出嫁,回去一趟;叔叔的儿子满月,伯伯做生日,也要回去。亲情如此浓,如何有心求道?

出家人对亲情的表达不是以回家与否,来博得家人的欢欣。《礼记》:"大孝尊亲,其次弗辱,其下能养。"儒家认为:生时赚钱奉养父母,甘旨承欢无缺;死时慎终追远,结庐三年,极尽哀伤,只是小孝;必须光大门庭,名闻宇内,荣及父母,才算是大孝。但是这对佛教而言,仍然只是中孝,出家人要尽的大孝是:自己证道,了生脱死,并拔济父母出于三途轮回的痛苦。佛陀的母亲,因佛陀证得正等正觉,而得生忉利天。我们也应好好修行,修得正道,使父母也因此而得度。

我在出家受戒后的最初30几年,一共只回俗家3次。我的俗家,离我出家的常住非常近,吃过早饭后回去,于午饭前赶回寺院都还来得及。但即使是这么短的路程,我也不轻易回去。在我青年参学时期,我当了6年的行堂,从来不曾因出门回家而不和大众过堂,并不是我没有亲情观念,而是我要把身心安住在寺院,好好参学。

从我出家以来,我很少见到我母亲,离开大陆之后,更是关山阻隔,音讯杳渺。后来我从朋友口中,终于间接听到我远在大陆的母亲捎来一句话:"30多年来一直不知道你的存亡,也不知道你在台湾。阿弥陀佛,现在知道你还活着,好好地做一个出家人,我至少可以再活 10 年。"当时,我的母亲已是耄耋之龄,当她知道我还安住在佛教中,使得她有信心再活 10 年,她如此欢喜,我也很欣慰。作为一个出家人,表现孝行,不一定要经常回家,把出家人做好,才是真正的孝顺。我虽然不常回家,但是我的亲族都认为:我最孝顺,因为我做到了一个出家人应有的本分。

一个出家人,若不能忍耐孤单寂寞、远离世俗,名虽出家,实际不是出家。出家贵在能求内证,而求内证的功夫,是一种"前不见古人,后不见来者"寂天寞地的磨炼;经过这种大死一番的实证之后,外界的斗换星移,再也动摇不了我们。所以,内心有所证悟很重要,好比种植树木,扎根坚固,自然能抵抗风暴。

有的人出了家又还俗,这是因为心里没有丝毫的证悟,不能体会佛法的妙乐,自然无法安心于佛道。如果对修行曾经努力用功,内心有所证悟,杀了头也不会背叛佛教的。因此,一个出家人要从佛法中求证身心的安止。

过去我在戒场中,受到百般的折磨,这些对我日后有着极大的帮助。我初到台湾,生活困顿,吃饭没有着落,有很多人帮我介绍工作,有人推荐我去当记者、编辑、电台广播员,但是戒期中所给予我的折磨,使我有力量把出家人做好,因为辛辛苦苦求得的具足大戒,怎么可以轻易舍弃?世间的一切都不值得珍贵,只有袈裟披肩才是最难得的。

几十年来,我所受的苦难、逼迫、排挤、伤害,一言难尽;但是我不曾动念想离开佛教,因为我从佛法中所体验到的法乐,使我对一切的痛苦,甘之如饴。出了家,应时时摄受自己的身心,如制伏失辔野马，时时不忘自己是大圣佛陀的弟子，要与佛教共患难，尽到佛弟子上弘下化的任务，才不愧是一个出家人。

1977 年 12 月讲于佛光山

青年僧伽的十无思想

出家生活应从"无"的上面入道，
无，是无限、无量、无穷、无尽。

　　在家人，过的是红尘的生活；出了家，过的是清净的生活。在家时，以世间法为主；出家后，以出世间法为主。舍俗出家的僧伽，要重新建立出世的见解，扬弃世俗的旧观念，建立佛道的新思想。

　　出家生活应从"无"的上面入道，无，是无限、无量、无穷、无尽。在佛法的无尽宝藏里，如何享受"以无为有"的佛法，以下提出十个"无"，让青年僧伽在出家的道路上，能建立自己的思想体系，在佛法的生活上，真正安住身心。

一、无财之富

　　一般人都希求发财富贵，希望拥有世间有形的财产、土地、物资等等。出家人虽不求世间的财富，但也一样要拥有财富，这是与世间财富不同的"无财之富"。什么是佛教的"无财之富"？

（一）正见是我们的财富

出家人要有"宁可没有钱财，但不能没有正见"的认知与实践。出家学道如果没有建立正见，必然有"既入宝山，垂手空归"之叹。什么是正见？即确认佛陀所说的佛法是真理，这就是正见，三法印是正见，四圣谛是正见，十二因缘是正见，因果业报是正见，三十七助道品是正见，分别善恶圣凡是正见。

在修学佛法的生活中，有了这些正见，才会有财富；有了这些正见，才不会贫穷。今天有些学道的人，尽管住高楼，拥有存款，但仍很贫穷，因为他们没有佛法、没有正见，他们的所有所见都走了样。

（二）智慧是我们的财富

"宁可无财，也不能没有智慧"，所谓的"智慧"就是指佛法的智慧。没有智慧，尽管做了许多善事，修了许多人天福报，仍然不能开悟成道。所谓"修福不修慧，大象披璎珞"，有福无慧是愚痴，纵然有人天福报，也非究竟。所以"宁可无钱无财，有般若智慧而死，也不要无智无慧，光有富贵荣华而生"。智慧，是从听闻中而"闻所成慧"，从思考中而"思所成慧"，从修行中而"修所成慧"。从闻、思、修之中，才能入三摩地，获得般若正见。

（三）品德是我们的财富

宁可在世间做一个庸碌无能、无财的人，也不做一个没有人格、没有品德之人。出家人无钱无财并不可耻，但无品无德会遭人轻贱。出家人要以淡泊、随缘的品德来生活，以慈悲、忍耐及因果观念的品德来做人处世，以发心精进、奉献服务的品德来修道。

出家人要学习的佛法很多，"忍"是很重要的修养。忍穷、忍苦、忍难、忍饥、忍饿、忍冷、忍热都还容易，"忍气"却很难。做人处世，对委屈、不平、气恼必须忍耐。佛陀说成佛要"三祇修福慧，百劫修相好"；想修成相好圆满就要先修忍。忍，可以消灾免难；忍，可以成功立业；忍，是成道的力量；忍，是修行的财富。

一位出家人未来的功德及佛道的成就，就看忍的力量有多大？看忍的功夫有多高？因此，举凡佛教的修行法门，如四无量心、四摄法、六度波罗蜜等，都可以作为出家人的品德，这些品德就是出家人的财富。

（四）信仰是我们的财富

信仰是七圣财之一。所谓七圣财，就是信心、持戒、惭、愧、闻、施、慧，这些都是我们的财富。信心门里有无尽的宝藏，有一分的信心就有一分的财富，十分的信心就有十分的财富。"佛法大海，唯信能入"，出家学道首先须建立信心，这里的信心指四不坏信，即对三宝绝对无疑；对三法印、四圣谛的法，绝对无疑；对常住、僧团绝对无疑；对出家未来的道行绝对无疑。

有时候，我们会为了不喜欢某个人，为了不爱听某句话，为了不满意某件事，就把信仰轻易地放弃，那么，信仰对你就没有价值。《华严经》云"信为道源功德母"，信仰是无价的财富。"再多的世间财富，利诱不了我们的信仰；再大的威力权势，也阻吓不了我们的信仰；再多的好意盛情，也迷惑不了我们的信仰"，必须建立这种不动摇的信仰，才能在佛道上迈进，成为佛门中最富有的人。

出家人虽不欣羡拥有世间的财富，但是要羡慕拥有正见、智慧、品德、忍耐、信仰等财富；这才是出家人的"无财之富"。

二、无求之有

人总是会有所求，求功名、求富贵、求事业顺利、求眷属平安，总是追求这样、追求那样，希望这个、希望那个。俗语说"人到无求品自高"，尤其是出家人，更要过无求的生活。什么是无求的生活？"内证"即是无求的生活，内心有所证悟，有所体验，自然不必向外追求。过去黄檗禅师对于万法现象的态度，是"不着佛求，不着法求，不着僧求，当作如是求。"他以无求为求，而行一切道。有些出家人，虽然出了家，最后却流失到红尘里，为什么？因为他没有内证的体验，心中没有佛法，经不起外境外缘的冲击，抗拒不了世俗物欲的诱惑。假如自己内心有修证，自生法乐，法界一切，都在心中；我不求外人给我钱财、给我利益，我的内心就能拥有宇宙的一切。

孔子的学生颜回，"居陋巷，一箪食，一瓢饮，人不堪其忧，回也不改其乐"。为什么？因为他心里有"道"；佛陀的大弟子迦叶尊者，在冢间、水边、林下禅坐修行，他安然自如。为什么？因为他心中有"道"。所以，既然有福气、缘分来到佛门，也剃除了须发，换上了僧衣，内心要有证悟、要有道。人情的冷暖，世间的是非，有什么要紧，各种的得失、荣辱，都不足挂齿，能如此证悟，就是无求之有，就能安住身心。什么是"无求之有"？

（一）享有是无求之有

我们不一定要拥有，但要懂得享有。出家人不一定非要拥有自己的寺院殿堂，别人有寺院，一样很好，可以挂单、可以沾光；别人有学问，我可以跟他参学，可以享有他的才学；山河大地、花草树木，虽然不是我的，但我可以遨游其间，参禅行道；佛教事业虽然不是我办的，但我是佛门弟子，也为佛教的兴隆同感高兴；我虽不会说法，但是别人讲经，我可以参与讲席，其乐融融。世间的一切，只要你享有它，就拥有了万事万物，这就是出家人的享有，享有就是无求之有。

（二）宽容是无求之有

心中能包容多少，就能拥有多少，心中有多大，所拥有的世界就有多广。再多的金银财宝，若不是自己的，不会觉得它宝贵；再多的建设、再好的设备，由于不是自己的，也不会留恋。"梁园虽好，不是久恋之乡"，但只要是我的，就算一个破板凳、破椅子、破床铺，我也会好好爱护它；长了癫疮脓包的皮肤虽然肮脏，但因为是长在我的身上，我会好好洗涤、上药及爱护，因为是我的，再不好我都能宽容。

世间的一切，就看你心中的宽容有多少，便能拥有多少。世间人岂止只有我的父母、兄弟姐妹、朋友、同学及我心中的众生而已？若能把一切众生当成是我自己，把世界当成都是我的，这世间就没有一个贫穷、孤苦的人了。

（三）结缘是无求之有

世间的人，生活过得顺不顺利，就看你有没有人缘。如果没有人缘，今天找张三，明天托李四，种种要求不一定能如愿。在世间，登天难，求人更难，但你有人缘，很多事情都可不求自有。你想要财富，缘分若不到，即使历经种种辛苦、种种艰难，也不会是你的；如果有人缘，即使你不想、不要、不求，也会送上门来。

所以，出家人不攀缘，只要结缘，不必向外有所贪求，只要广结善缘，因为人缘就是无求之有。缘，有条件的意思。世间一切，是无法单独存在的，必须因缘条件都具备才能成功。只要广结人缘，人缘自然会给予我们无求之有。

（四）满足是无求之有

所谓"知足常乐，能忍自安"。"满足的人，睡在地上犹如天堂；不满足的人，虽居天堂，亦如地狱"。世间谁是富人？谁是穷人？就看他能不能满足。许多在世界富豪排行榜上占有一席地位的人，他们真是富有之人吗？如果拥有几百亿元、几千亿元的财富，但心里不能满足，仍然是穷人一个。学道的人在金钱物质上虽然贫乏，但因为能满足无求，满足就能带来无求之有。

满足及感恩是出家人在任何时刻都应该有的心境，一间斗室之地能满足，一张椅子、桌子能满足，一双草鞋能满足，一个蒲团能满足，日中一食也能满足。只要能满足，就能获得无求之有，过着世界上最富有的生活。

三、无情之慈

世俗上讲爱，要有爱心；佛教中讲慈，要有慈心。世间的情，容易让人感情用事，看到某人就顺心、欢喜，这就是世间的情爱。众生叫"有情"，是因为它是以情爱为生命。世间束缚力量最大的就是情爱，情爱会困惑我们，使我们不能自由，不能超生。童年的时候，有父母之情；长大了以后，有夫妻之情；老年的时候，有子女之情；甚至有朋友、同乡、同事之情。情爱如火，情爱的一念，会障蔽我们的智慧，所以要从情爱里超脱出来。

青少年时期我所受的是专制式的打骂教育，但我从不觉得有什么不好，反而感谢师长。因为在打骂里，我得到许多教诲与慈悲；在委屈、专制里，我有更深刻的体会及成长。过去在丛林里读书、受戒，老师都是以"无情"对我们的"有情"，以"无理"对我们的"有理"。我们众生都有自以为是的道理，在丛林里，就是要把这些自以为是的道理打得没有。

人们都喜欢讲关系、套交情，这样可以优待一点，但在丛林里讲关系，就只有"铁面无私"及"无情无义"。现在的戒子一进戒坛，有许多同参道友帮忙，有引礼法师来接待，这究竟是一种福气？还是一种缺憾？过去在丛林里受戒，有理三扁担，无理扁担三，这是"以无理对有理"，不论有理、无理，全都以犍槌供养，这就是"打得念头死，许汝法身活"，在无理面前都能屈服低头，在真理面前，还会不服气吗？从表面看来，打你是毫无情义，实际是大慈悲。我觉得自己很幸福，能在犍槌下体会出这许多无情的大慈悲。哪些是无情的大慈悲？

（一）无缘是无情之慈

人与人之间，都讲究缘分，不论是父母、兄弟、朋友或同学，只要觉得有缘分，就肯对他们慈悲。其实，真正的慈悲是"无缘大慈，同体大悲"，你与我没有关系，不是我的同窗、同乡、亲朋、故旧，只要有苦难，我就帮助你，对你慈悲；过去虽然没有因缘，只要有困难，我就协助你、给你方便。把别人都看成是我自己身体的一部分，有缘能行慈悲，无缘也能对你慈悲，这才是真正的无情之爱、无情的慈悲。唯有如此，才能进入菩萨无边的大我之内。

（二）无偿是无情之慈

无偿，是不求别人偿还，不求别人回报。如果斤斤计较自己说了多少好话，而对方没有一句好话回报，或者给人多少帮忙，但对方都不给予帮助，这便落入了有偿、有报酬的心。有偿是有目的、有奢求、有贪欲的；无偿才是无求、无贪、无对待的。出家人的慈悲是不讲究报偿，只有以无偿之心度化众生，才能行无情之慈。

有偿，是有对待的有情慈悲；无偿，是无对待的无情慈悲。有偿的情爱是有限的慈悲，无偿的情爱才是无限的慈悲。父母棒打儿女，看似无情，实是大慈悲；国家的刑罚，看似无情的制裁犯罪者，但实际是对社会大众的慈悲。"看似无情更多情"，就是无情之慈。我们欣赏有情的慈悲，更要欣赏无情的慈悲。

（三）棒喝是无情之慈

过去的佛门丛林，禅师对弟子们不是打就是骂，即是一般常说的棒喝教育。棒喝教育看起来是无情无义，实际上是大慈悲。多少的高僧大德，在棒喝下成就；多少的修行者，在棒喝下成道。有名的临济义玄、德山宣鉴禅师，都是以锐利的机锋来接引学人，所谓"德山棒如雨点，临济喝似雷奔"，才有后来"临济儿孙满天下"的千古佳话。

现在的佛门弟子，少有祖师人才出现，就是因为现在的人经不起棒喝，经不起打骂，经不起这种无情的慈悲。一般办佛学院，最缺乏的是训导师资，便是因为担任训导老师是件吃力不讨好的工作，辛苦的帮助及辅导学生，反而遭学生怨恨，因此没有人愿意做训导老师。其实，愿意从事训导工作的，都是深具大慈悲心的人呢！

（四）无相是无情之慈

我们对于一切事物，都很着相。讲究你和我有什么关系？有什么交情？你是怎样对待我的？但这都只是从有相上去认知，没有在形相之外去体会，因此不容易学到佛法的内涵。《金刚经》说："凡所有相，皆是虚妄。"有相是有情，有情的慈悲不究竟，无相是无情，无情的慈悲才是究竟。

过去栖霞山的名誉住持雪烦和尚，是我当年就读焦山佛学院时的院长，在我参学的那三年中，他没有跟我讲过一句话，偶然碰面，也只是用眼睛瞪我。后来我才听说在所有学生当中，他最欣赏的就是我。虽然雪烦和尚总是瞪我，但我还是一样恭敬他，为什么？因为我感觉到他瞪我，并非恶意，而是慈悲！我们若能在无情里，体悟出更大的慈悲，才会有佛法。

四、无欲之乐

快乐，是人人所希望的。出家人的快乐是无欲之乐，世俗的人以五欲六尘为快乐。五欲是财、色、名、食、睡，六尘是色、声、香、味、触、法。出家学道之人，不以"欲"为快乐，而以"无欲、没有欲望"

为快乐，所谓不着色求，不着声、香、味、触、法求。什么是无欲之乐呢？没有人我的执着，没有是非的烦恼，没有情欲的冲动，没有无明的迷糊，总之，就是没有污染的、罪恶的欲望。哪些是无欲之乐？

（一）禅悦是无欲之乐

出家学道，在生活中如果没有禅悦，身心就不能在佛法中安住。禅悦是一种信仰的喜悦、安静的喜悦、发心的喜悦、自我内心的喜悦。如果没有禅悦的体会，会觉得欲乐宝贵，而佛法不宝贵。所以，要从经典、劳务、生活、打坐、念佛中，体会佛法的妙味，获得禅悦法乐。《维摩经》说："吾有法乐，不乐世俗之乐。"法乐，就是禅悦。没有禅悦，世间的金钱会压倒你，感情的洪流会冲没你，有了禅悦，自然就有无欲之乐。

（二）佛心是无欲之乐

佛心即是我们的心，也就是佛的心。把佛心印在我们的心里，我的心与佛的心一样，有觉照、有慈悲、有光明、有清净佛心。我的心如皓月，我的心如莲华。所谓心心相印，光光相照，所谓佛心就是我的心如菩萨，我的心如佛心。如果我的心能跟佛一样，我就有佛的自在乐、解脱乐、法乐乐。这个佛心，是超乎一切人我，泯灭一切对待，斩断一切生死，断除一切有无。佛心是慈悲、是智慧、是平等，是无欲之乐。

（三）喜舍是无欲之乐

信徒以财布施为重，出家人以法布施为重。什么是法布施？

就是以心、以法、以理、以力、以言语来有利于他人。布施的方式可分为：有钱的出钱，有力的出力，有口的出口，有心的出心。没有钱财，可以用力气来帮忙；没有力气，可以讲好话，说佛法；不会说佛法，以心来欣赏、祝福别人，这便是心香一瓣的施舍。以教义、佛道传人，以心为对方祝福，希望对方好、希望对方大、希望对方高、希望对方有成就等等，这都是喜舍。

世间上的人，纵使布施结缘，总有冀望回报的心理，因此，也是一种贪心，而不是喜舍。喜舍，像阳光普照大地，是不需要回报的。但现在的人，尤其是某些中国人，常有嫉妒、不喜见人好的劣根性，看到别人好、别人很快乐，心里便不欢喜、瞋恨、嫉妒，这是人类的恶习。佛法给我们一片慈心，要善用这片慈心，行善行施以有利于他人，这就是一种无欲之乐。

（四）无为是无欲之乐

梦窗国师说："知足是第一富，无病是第一贵，善友是第一亲，涅槃是第一乐。"什么是涅槃？涅槃是无为法。凡世间有所为、有所想象、有所分别、有所增长的，都不究竟；只有无为的、本来的、不需有作为的净乐，才是涅槃之乐。佛陀当初在金刚座上菩提树下，夜睹明星而成正觉，所证的就是涅盘。涅槃，有圆满、不生死、超越、没有生灭的意思，它能使人们脱离尘世的苦恼，提升到一个解脱的境界。

没有出家的人，想要寻找快乐，总是找不到；出家了，不必去找快乐，快乐自然随出家而有。未出家时，以发财为快乐，其实"人为财死，鸟为食亡"，有钱会招致灾祸。有爱情会快乐吗？夫妻的恩爱、情侣的情爱，固然有刀口之蜜的甜味，但其中的烦恼、是非、瞋恨、不如意也多。有事业会快乐吗？有人为了事业，抛妻弃儿，终日为经济不景气而烦恼。世间的学问会令人快乐吗？学问也会带给人烦恼，有知识而没有智慧，有欲望而没有道心，怎么会快乐呢？所以，世俗有欲的钱财、爱情、事业、学问等，都不是真正的快乐之道，唯有无欲才是快乐之道。

如何获得真正的快乐呢？修行需从无欲的生活做起，六和的僧团，才是真正无欲的快乐之道。僧团以和平、安乐、清净为本，清净无欲就是快乐。佛陀的弟子跋提，舍弃王位出家修行，常在树林叫着："快乐啊！"佛陀问他为什么快乐，跋提说："过去我是王子，吃珍肴美味，却食不甘味；每天有卫兵保护，却天天恐怖。现在出家修行，托钵乞食，却甘之如饴；没有守卫，却不怕有人谋害，如今的生活，才是真正的快乐！"这便是清净无欲之乐。欲望越大，痛苦越大；欲望越小，痛苦越少。我们要去除人我污染的欲望，提起善法的欲望，追求佛道、菩提、般若智慧及空无的生活，这才是出家人"无欲"的生活。

五、无住之家

《金刚经》云："若心有住则为非住。"又云："不应住色生心，不应住声香味触法生心，应生无所住心。"出家，要出有住之家，要住无住之家。父母之家是有住之家，贪爱之家是有住之家，执着之家是有住之家，人我之家是有住之家，三界之内所住之家皆是有漏之家、烦恼之家。既已出家，就要出三界之家，出烦恼之家，要住在无家之家。顺治皇帝赞僧诗："天下丛林饭似山，钵盂到处任君餐。"

这不是无家之家吗？所谓"一钵千家饭，孤僧万里游，为了生死事，乞化度春秋"，这不也是无住之家吗？哪些是无住之家？

（一）法界是无住之家

出家，是出三界之家，出生死之家，出烦恼之家，出名闻利养的束缚之家。我们要以法界为家，法界是无穷的天上天下，是无边的宇宙虚空，是超越的山河大地，是究竟的无相真理，法界就是出家人的家。从佛、菩萨、声闻……乃至地狱、饿鬼、畜生的十法界，都在我们一心之中。能证悟佛菩萨的法界，就能究竟解脱；能证悟二乘人以上的法界，就能自在快乐；能不舍三恶道的法界，也能随遇而安。"处处无家处处家"，法界之内处处为家，菩萨以一切众生为家，在这世间出家，怎能不处处为家呢！

（二）虚空是无住之家

天上的太阳住在哪里？太阳当然住在虚空之中。由于太阳住在虚空，所以能普照十方，能温暖大地，能使万物生长；十方诸佛亦住在虚空之中，所以其法身遍满虚空，充满法界，因而能佛光普照，度化群生；菩萨也因住在虚空之中，才能"千处祈求千处应，苦海常作度人舟"。无住才是真住，无住才能无所不住，才能成就菩提，证悟法身。因此，诸佛菩萨所住的虚空，就是我们出家人的无住之家。

发心出家，要志在佛道，愿在十方，到国际上弘法，到偏远地区传教。佛教徒必须先有地球人的观念，再有虚空人的胸怀，因为虚空是僧侣的无住之家。

（三）无私是无住之家

如果有自我的私心，就有所住；如果无自我的私心，就无所住。无私的人，每个人都好，这人也好，那人也好，这里也好，那里也好，天下都好。我们的心住在哪里？就如《金刚经》上说的，我们的心，大都住在我相、人相、众生相、寿者相里。因为四相不除，所以有人我是非，万般计较；四相若除，则万里晴空，毫无窒碍。

《金刚经》里又说，我们的心住在色、声、香、味、触、法的六尘上，此六尘会覆盖本性，使真心成为欲尘的奴隶。要将心住在佛道的上面、住在般若的上面、住在超越时空的上面、住在超越人我的上面、住在无私无欲的上面。出家了，如果还住在过去的人我是非、得失荣辱和烦恼上面，仍是未真正的出家。所以出家要住在无私之家，亦即无我之家。

（四）自然是无住之家

出家安住在哪里？当然安住在自然里，"高高山顶立，深深海底行"，与大自然同在。大自然的道理，生也好，死也好，冷也好，暖也好，生老病死的流转，春夏秋冬的运行，甚至生住异灭，成住坏空，都是自然的法则，当然的原理，世间的实相，我们应有这种心量和认识。

我们要住在哪里？要住在慈悲般若中，住在禅那定力中，住在精进戒律中，住在大自然里。佛法中任何一处皆可安住，大自然任何一地都是好地，何必安住在不究竟、天天变化、跳动变异的世间呢？应安住在不变无住之上。"犹如木人看花鸟，何妨万物假围绕"，只要无心于万物，何妨万物假围绕，自然就是无住之家。

无住就是不执着于是非、人我、得失，而能超越是非、人我、得失。佛教所以衰微，是因为大众没有佛法，只有口头上的佛法、口头上的慈悲、口头上的修行。有些人自以为在修道，实际上毫无佛法，身为出家人，必须用心体会无住的真义。

六、无安之处

要找一个住处，什么地方最好？平安之地？安全之地？安乐之地？如果出家人这么想就错了，这是自了汉！一出家，马上找安乐的地方，这是错误的。没有种植，怎么会有收成？出了家，要先学习结缘，学习奉献，学习吃苦，学习住在无安之处。

曾有一位信徒说："基督教的神职工作者，称为牧师，牧师就是要牧羊、要工作、要度化众生；佛教的出家人，叫作僧宝，是住在寺庙给人供养的，所以佛教没有力量。"这虽是偏激的想法，但事实上，佛教里确实有人就是不肯奉献、不肯牺牲、不肯普度众生。所谓菩提心是"上弘佛道，下化众生"，既不能上弘又不能下化，怎会有菩提心？没有菩提心，就没有佛法。所以出家，必须找出一个住处，一个"无安之处"来成就自己。什么是无安之处？

（一）苦难是无安之处

严寒冰霜下，唯见梅花挺拔；浊秽污泥中，独显莲花不染。修道的人，要在苦难的地方，坚毅意志，来成就佛道。释迦牟尼佛诞生于娑婆世界，在五浊恶世住世，即因为苦难中容易成就佛道；地藏王菩萨到苦难的地狱度化众生，他们都以苦难为安乐。我们修道者，要有不惧苦难的意志，热时往有火的地方去，冷时往冰寒的地方去，才能见到佛法的真谛。

佛陀十大弟子中的富楼那尊者，想到输屡那国去，佛陀问："去做什么？""去度化众生。""那里不能去，那里的人很凶暴，他们会骂人。""骂我没关系，只要他们不打我就好了。""会打你啊！""打也没关系，只要不把我打死就行。""会打死你啊！""那正好，我就将生命奉献给众生，也奉献给佛陀，了却我此生学道的心愿。"富楼那尊者即是具有不畏苦难、牺牲奉献宗教情怀的圣者。

古代高僧大德，都是为求法、传法、克己、度众而不辞苦难的人，如玄奘、法显的西行求法；鉴真 60 岁目盲，仍为广传戒法东渡日本；真谛为译经弘法，流亡飘泊中国 20 多年；智舜为修禅观，刺股制心等，都可以作为我们的楷模。所以，现代的出家人学道，不要只求安乐，应从苦难中长养自己的道心，锻炼自己的意志，来成就道业，即所谓"不经一番寒彻骨，怎得梅花扑鼻香"。

（二）异乡是无安之处

偏远的异乡，要经历语言、风俗、文化、生活习惯的考验，也是无安之处。出家人出了家，要以大众为家，以弘法利生为家，以精进求道为家。所谓"处处无家处处家"，必须没有地域观念、没有异乡观念。

东汉时期的摄摩腾、竺法兰，远从中印度到中国，只为译经弘法；日本最澄、韩国义湘，千里跋涉至中原，只为学习大乘教法；在四川出生的马祖道一及在广东出生的石头希迁，继承惠能大师禅法，将佛法扩展到江西、湖南一带，这都是祖师们为了求法度众，不辞辛劳到异乡的实例。近代的铃木大拙，把禅法传到西方国家，也是抱持这样的精神。

20 世纪 70 年代，佛光山正在美国筹建西来寺，慈庄法师和依航法师在时局不稳中，到处拜托人签字，透过几万人联署，美国政府才知道有这么多人需要一座寺院，因此才批准佛光山建西来寺。在这 10 年的奋斗中，两位法师克服种种困难，冲锋陷阵，与许多不认识的人周旋，备极辛苦，但最后寺院落成，也不曾说西来寺是我的。所以，在异乡的无安之处，才能使人更成长。

（三）刀兵是无安之处

刀兵中有流血之危、生命之险，所以有战争的地方，就是无安之处。佛光山常有韩国的军中布教师来访问，他们都是一些年轻的大学毕业生，且全都是出家人。韩国的每个军营里都有一位布教师，专为将士们解决烦恼，并鼓舞士气。他们必须在军中布教几年以后，才能被寺庙肯定而升级。日本的高僧、大和尚，甚至基督教里的牧师，也大都是军队里的布教师。

唐朝隐峰禅师，某日见到有两军人马正在厮杀，急忙上前劝阻，但双方都不予理睬，禅师便将锡杖丢掷于空中，以神通异象，阻止了一场杀戮。南北朝时战乱连连，当时的石虎、石勒雄踞一方，嗜杀成性，杀害许多无辜百姓，西域高僧佛图澄为了度化这两位魔王，解救生灵于涂炭，于是入军营中现身说法。出家人应具备他们这种不畏苦难的精神，到刀兵里弘法，以佛法减少世间的杀戮。

（四）忙碌是无安之处

动乱、忙碌也是无安之处，有的出家人会嫌出家生活太动荡、太忙碌,那么他出家的目的为何？是为享福,还是为服务众生？佛陀说法 40 余年,讲经 300 余会,从未安闲过。苦行意志的锻炼,是修行很重要的体会;在安乐清闲里是不可能成道的。

有的人认为佛光山太忙碌,不愿意来佛学院就读。忙,不好吗？参与开山的建设,是很伟大的事情;参与弘法的活动,是很光荣、有意义的事情。若要清闲,几十年后,睡在棺材里就能清闲了!人要让自己忙碌,生命才会充实;让自己忙碌,才能忘掉自我,成就道业。今日的佛教,不但要团结、要统一,更要动员忙碌起来,才能使佛教有前途、有希望。

七、无人之众

无人之众,是以大众为众,而无个人之众。众,每个人都想拥有,但不应该以众为己众。众,不是我个人的,我也是众中的一个。将徒众看成是我个人的,这在佛光山是不允许的。佛光山的长老慈庄、慈惠及慈容法师,已出家数十载,如果在别的寺院道场,早就有徒弟、徒孙,甚至连徒曾孙都有了,但他们现在连一个徒弟都没有,为什么？因为佛光山不想因瓜分徒弟,而分散佛教的力量。以大众为众,即是无人之众。哪些是无人之众？

(一) 佛子是无人之众

出家人同是佛的弟子,你不属于我,我也不属于你,虽然佛门有僧伽伦理,有师叔、师伯、兄弟,还有法系传人、同戒、同参,但这一切都只是因缘关系。"三分师徒,七分道友",不能执着你我彼此的关系。佛门伦理的最高境界,应为无人之众,不能动不动就说:

"这是我的弟子"、"那是我的信徒",其实信徒是三宝弟子,不属于某一个人所有,若是将信徒归于个人,便会成为私人群众,而不能为佛教所公有,所谓"依法不依人",佛教徒应为佛教所有。

目前具有现代化眼光的师父都很开通,明白时势所趋,纷纷将年轻弟子送进佛学院深造,甚至送往国外留学,培养佛教人才,使弟子成为佛教所有,不为自己的臧获。魏晋的道安法师,遭逢冉闵之乱,为续佛命脉,分散徒众,不但把佛法菩提种子传播十方,也使佛陀教化广被大众,此即还徒于教,让佛子成为众人之众,无人之众。

(二) 法侣是无人之众

共同修学佛法的同参道友,称为法侣,这是以法为侣、以法为友。泰国很尊重袈裟,即使僧皇犯罪,也要先脱下袈裟再定罪,因为袈裟代表法。历代祖师的传承,皆曰传法,有所谓"衣钵相传";无法,关系也就断除了。所以,不能以法为友的人,就不再是法侣。

有的出家人业障现前,不能安住于佛法,想还俗回家,因为没有佛法,还俗是很正常的事。但其他不还俗的人,不能偷偷地与其来往,替他做一些违法的事情。以前我的一位同学还俗,后来他托人传话,希望与我见面谈话。我说:"没什么可讲的,道不同不相为谋。过去友好是因为有佛法,你已无佛法,我们也没什么好谈了。"出家人必须以法侣为无人之众,建立这种以佛法为重心的宗教情怀。

(三) 道友是无人之众

出家人以道结交,没有道,便不为友。有道的人,才有佛法;有道的人,才不会烦恼;有道的人,具有正知、正行,是我们的善知识。

有戒行的人，是我们的道友；有般若的人，是我们的道友；有慈悲的人，是我们的道友；有正见的人，是我们的道友。因此，所谓道友，就是戒行，就是般若，就是慈悲，就是正见。如果没有这些，何来道友？所以道友是无人之众。受三坛大戒时，以佛陀为得戒阿阇黎，十方诸佛作为教授阿阇黎，以一切菩萨为同学法侣。例如普贤菩萨十大愿，恒顺众生，普皆回向；地藏菩萨"我不入地狱，谁入地狱；地狱不空，誓不成佛"；观世音菩萨寻声救苦，苦海慈航；文殊菩萨，法王之子，吉祥度众。这四位菩萨，悲智愿行，都是我们的法侣道友，可以指导我们、策励我们一起在佛道上精进。

对于无道的人，应当断绝。无道的人，就像身怀兵刃的人，随时让我们有杀身的危险；无道的人，会使我们失掉慧命、失掉善根。所以学道的人，应谨慎择友，以有道之友作为我们的无人之众。

（四）无我是无人之众

我，是个体；众，是全体。若人人皆以我为最大，就无法凝结为众，产生力量。无我才是真正的大众，无我才是真正的因缘，六和僧团就是无我的精神。佛教不是属于某一个人的，佛教是大众的。出家人应以常住为我，以大众为我，进而修学无我，才能进入无人之我的境界。今日是一个集体创作的时代，佛教今后要兴隆，教内必定要团结，才能共同树立佛教的新形象。大家必须有无我的精神，无我才能团结。佛光山开山至今，能有今日的成就，便是因为佛光山的宗风是"常住第一、大众第一"，也就是无我第一。所有海内外的佛光人，势必一条心，只有共同成就，没有个人的凸显；所有一切佛教事业的推展建设，光荣归于佛陀，成就归于大众，利益归于常住，功德归于檀那。

八、无悔之心

这个"悔"，指的不是忏悔，而是懊悔的意思。一般人做事，往往事前不计划、不留心、不考虑、不审慎，事后懊悔。所谓"菩萨畏因，众生畏果"，菩萨与众生不同，菩萨慎于始，不随便造因；众生作恶，造因不怕，一旦果报现前，再懊悔就嫌迟了。

出家修学过程中有十事须后悔：

1. 逢师不学去后悔。

2. 遇贤不交别后悔。

3. 事亲不孝丧后悔。

4. 对主不忠退后悔。

5. 见义不为过后悔。

6. 见危不救陷后悔。

7. 有财不施失后悔。

8. 爱国不贞亡后悔。

9. 因果不信报后悔。

10. 佛道不修死后悔。

出家人要有无悔之心，举心动念都不懊悔，念念是正，念念是佛。对人，要做到对人的道义；做事，要尽到做事的责任。下面略举几项来说明：

（一）语言要有无悔之心

语言人人都会说，但真正懂得语言妙用的人并不多。《论语·

子路篇》说："一言以兴邦，一言以丧邦"，端看是不是能妥善运用语言。有人以语言做功德，说出来的话，都是善言良语，都是爱语、柔软语，都是使人欢喜的话，都能合乎道义真理，所谓"此方真教体，清净在音闻"。但也有人以语言造罪业，说的都是巧言令色、坏人信心的话。十戒中有不妄语、不恶口、不两舌、不绮语，如果犯了其中任何一项，不但犯戒，得不到大众的信任，也破坏好人好事，且有堕地狱的危险。佛陀曾告诫佛子罗睺罗："妄语的人，就像器具覆盖，永远无法装进清净的善法。"所以要谨慎言语，才不会生出懊悔之心。

有些人讲话，话已出口了才说："啊！我不该说，我不该告诉你。"既然不该说，为什么又要说呢？其实"事无不可对人言，话无不可对人说"，只要是正当的话，所谓"真语者，实语者，如语者，不妄语者，不异语者"，说了也不要紧，只怕说了损人害己的话，事后才后悔。我常说："我这一生为承诺而忙碌"，即是对自己说出来的话负责。

（二）发心要有无悔之心

发心的内容很多，例如发心出家、发心工作、发心修行、发心读书、发心弘法等等。发心要发广大心、最胜心、无对待心、大愿心，才能长远持久；如果发心只是情绪的、他力的、对待的，便无法久长。发心出家，必须有学习如何做好一个出家人的最胜心，不要在修道上一遇烦恼痛苦，就难过懊悔当初的发心。发心工作，却嫌这个苦，嫌那个重，怨别人没有给予奖赏，给予鼓励赞美，连最初的发心也懊悔了。或者发心弘法，又嫌事情多、嫌难、嫌苦、嫌信徒没有供养、没有恭敬，这都不是真发心。

既然发心，就不要怕事多，肯牺牲吃亏，有困难我承担，吃苦我不怕，没有人赞赏，没有人知道，这都没关系，因果自然会知道，佛祖会知道。唯有不求回报，不着于相，不为人知，不作比较，不作算计的发心，才不会懊悔。所以，必须培养修行、信仰的力量，发心才有用，凡事没有不发心而可以成就的。

（三）交友要有无悔之心

朋友，是人生道义之友。《论语》说："君子以文会友，以友辅仁。"是说朋友间经由学问、教养而互相影响。孔子又说交友的道理，是"忠告而善道之"，这是说朋友有了过错，要忠心劝告，并好好引导他。

《佛说孛经》里说朋友有四种：有友如华、有友如秤、有友如山、有友如地。如华的朋友，你富贵，他把你戴在头上，你贫穷，他把你丢弃在地上；如秤的朋友，你有办法，他低头，你没办法，他就昂头；这两种是势利之友。真正的朋友，如山，供鸟兽聚集；如地，普载万物。

出家人要以道为友，以法为伴。你有佛法，我就跟你交往；你有道，我就跟你学习。因为你有道，我甘愿为你服务，情愿为你效劳；因为你有佛法，我愿意与你同甘苦、共患难。如春秋时代的管仲与鲍叔牙，就是能相辅相成的善友；鸠摩罗什与慧远虽未谋面，却能以兴隆佛法为桥梁，书信往返共护教。出家人要在"有佛法、有道"的前提下交友，那么即使遇到再大的名闻利养也不会受诱惑，也不会因交友而懊悔，更不会因利害关系或困难而退却。

（四）布施要有无悔之心

佛法中谈布施，有心、田、事的不同，功德亦有差别。如何使功德圆满？最重要的就是一颗不懊悔的心。给人财布施，是欢欢喜喜的，不自苦、不自恼的量入而出；给人法布施、无畏施，也是心甘情愿，再苦再难都不怕、不后悔。但一般人的布施常会懊悔，因为对方没有回报，没有表扬，没有赞叹，没有重视，或是受人讥讽，遭到了困难、怨言，于是懊悔之心就产生了。事实上，"财进山门，福归施主"，这其间的因缘果报是丝毫不差。因此，选择一块好的福田，也是很重要的。布施时要不自苦、不自恼、不懊悔，学习做到无悔之心，才是真布施。

九、无聪之慧

北宋大文豪苏东坡一生聪明盖世，才华横溢，老来做了一首《洗儿》诗："人皆养子望聪明，我被聪明误一生；唯愿孩儿愚且鲁，无灾无难到公卿。"他说世俗人生儿育女，无不盼望儿女聪明伶俐，我苏东坡却因聪明而误了一生，希望自己的孩子愚昧、笨拙，平平安安做到公卿将相。世间上，聪明的人往往烦恼更多、苦难更多，可见聪明不是究竟之道。入了佛门，求智慧才是究竟之道。要求什么智慧？求了解诸法实相的智慧，求对治烦恼的观照智慧，更要求生活无住的智慧。我们不要求小聪明的智慧，因为聪明反被聪明误，我们要求的是大智若愚的智慧，要求无聪之慧。什么是无聪之慧？

（一）吃亏是无聪之慧

出家学道，所学的是什么道？吃亏就是道，处处讨便宜不是道。所谓"忍一口气，风平浪静；退一步想，海阔天空。"学吃亏的当下，可以学得容忍的智慧、涵养宽宏的心胸及拥有坦荡的性格。大众在做事，我多做一点，分东西时我少分一些；苦的事情我来做，快乐享受则留给大众。表面上看来，我的财富损失了，享乐减少了，但人格道德智慧却不断升华，心量视野也不断开阔；学吃亏才是讨便宜。捡现成的便宜，不一定就多就好；我吃亏，多付出一些心力，多等一些时间，多待一些因缘，反而更多更好。吃亏上当、难得湖涂，其实就是无聪之慧。

（二）牺牲是无聪之慧

世俗的人常说"牺牲享受，享受牺牲"，真正的牺牲，是一种美德，一种智慧，一种能为正义、公理而见义勇为，不惜奉献自我的大无畏精神。牺牲不是放弃理想、放弃原则，而是为了实现整体大我的理想，有所坚持，有所努力，甚至不惜以身相代。

什么是整体大我的实现？芸芸众生的安乐是整体大我的实现，佛法兴隆是整体大我的实现，常住大众安心办道是整体大我的实现，个人道业成就也是整体大我的实现。为了实现这个"大我"，可以牺牲个人的福利、个人的享受、个人的成就，来换取大众的安乐，以个人的安乐换取历史的成就，这是无聪之慧。

黄花岗七十二烈士的捐躯，开启了自由民主的先锋，这就是牺牲的智慧；佛教里"放下屠刀，立地成佛"、地藏王菩萨"地狱不空，誓不成佛"，都把牺牲的无聪之慧表现到极致。出家，便是牺牲个人的世俗享乐，来到佛门追求真理，这是一种智慧。牺牲的本身也是一种成就，出家人要有牺牲的无聪之慧，把佛教、常住看得比自己更重要，以道业、佛法作为生活准则。

（三）忍辱是无聪之慧

真正有为之人，做事要做难做之事，处人要处难处之人。一个人是否有智慧、有修养，就看他身处逆境时，是否能"宽却肚皮须忍辱，豁开心地任从他"。寒山大师曾问拾得禅师说："如果有人毁谤我、欺侮我、侮辱我、耻笑我、轻慢我、骗我，我应如何待他？"拾得禅师说："那就忍他、由他、避开他、耐他、敬他、不要理他，待几年再来看他。"所谓"善似青松恶似花，看看眼前不如他，有朝一日遭霜打，只见青松不见花"，唯有忍辱可以长养人的力量。《佛遗教经》云："能行忍者，乃可名为有力大人。若其不能欢喜忍受恶骂之毒，如饮甘露者，不名入道智慧人也。"忍辱是世间最坚强的力量，能忍辱的人，才能拥有无聪之慧。最高境界的忍辱是无生法忍。一般的忍，是有对待、有分别、有所为的。譬如你说话恶劣，我忍耐；你欺负我，我忍耐；师父骂我、父母骂我，我接受。但真正的忍耐是无生法忍，无生法忍是没有对待、没有分别的，因体会世间万法本来如是，对一切的荣辱、是非、苦难、诽谤，都能甘之如饴，甚至对外境不好的声音、不好听的语言、不如意的事，都不觉得怎么样，认为那是自然的事，并且很容易就忍下来，这样叫无生法忍，这才是无聪之慧。

（四）厚道是无聪之慧

厚道是不念旧恶、不嫉妒、不瞋恨、不计较、不打击人的恕道精神。以成人之美、供养大众的心胸取代打击伤害。厚道的人，在道业上能够养深积厚，在人际间能够广结善缘，在事业上能够得道多助。因此，古代丛林遴选住持，必先审核这个人是否厚道，是否具足供养心，通过审核的人，才会得大众拥护，住持一方。在佛门里，厚道才能成事，厚道是无聪之慧。慈航法师年轻时，某天上净房，忘了带草纸。不得已向旁边的人要，那人递给他用过的草纸，使慈航法师抓了满手的粪便，但慈航法师不怨恨，与那人相安如故。后来，慈航法师作佛事所得的银洋，被那个递脏草纸给他的人偷走，慈航法师知道他缺钱用，不但不揭发他，还送给他自己仅余的银钱。那个人感激涕零，从此护持他，忠贞不贰。从那个时候起，慈航法师也就心宽体胖了起来。

世俗的人以聪明、威势、利害震慑人，佛门的大德用智慧、慈悲的道德感化人。慈悲智慧的道德是无聪之慧，看起来是我吃亏，是我牺牲，是我在忍辱，是别人占了便宜；事实上，只有这样的吃亏、牺牲、忍辱、厚道，才能化戾气为祥和，化干戈为玉帛。发心求道之人，当求无聪之慧。

十、无功之事

一般人做事，总要求功德、功劳，有功德、功劳，才感觉光荣、受重视。出家人做事，只问该做不该做？有没有佛法？不在意有相的功劳、功德。假如要功德，也应该求无相的功德。出家人做事，要做无功之事，不是为赞美而做，也不是要人感谢而做。出家人不求功劳，不求奖章，不求赞美，不怀任何希望，只是为做事而做事，为工作而工作。什么是无功之事？

（一）说法为无功之事

出家人弘法是家务，利生为事业，所以代佛宣说法音，利益化导众生，乃责无旁贷之事。当初梁武帝问达摩祖师："朕造寺度僧，有多少功德？"达摩祖师回答："并无功德！"梁武帝不懂这句真理之言，因为功德是有为福报，做多就多，做少就少，只有无为功德才是真正的无求功德。

过去古德讲经多在道场，今日法师弘法布教则多走出寺庙山门，步入社会。例如学校、机关团体、监狱、医院，都常举办佛学讲座，国家殿堂亦常法筵殊胜，佛教形象因而大为提升，法门龙象亦由此倍出。假如计功多少，哪能有此成就？一个出家人，为事不在求功。若是有相、有为，则与俗人何异？所以弘法利生的事业，皆是仗佛光明，皆是因法而尊。

唐代悟达国师，十世皆为戒律精严高僧，因而累世冤业皆无机缘报复。有一次，因懿宗礼遇赐沉香宝座，国师一时名利功德心起，遂招累世冤业，膝上长出人面疮。十代高僧尚且如此，我们凡夫能够不警惕吗？佛陀说法 49 年，尚言没有说过一个字，这不是自谦，而是真理本来就不可说，无功说法才是真正的说法。

（二）度生为无功之事

有些出家人会说："这是我的信徒、我的弟子、我的住众。"有位出家人在佛学院尚未毕业，就写信给信徒说："师父很想念你，师父今日写信给你，主要就是要你记住师父，听师父的话，等师父学院毕业，和师父一起修行！"这实在太不知惭愧了，还在初学阶段，就想控制信徒，就如是自我膨胀。也有些寺庙之间老死不相往来，深怕一交流、一观摩，信徒和人众就随之流失，所以不但造成僧团间壁垒分明，更彰显不出佛教恢宏的包容气度与融和的精神。

就缘起法而言，世间诸法皆依因缘而存在，并无一实在自性可得；既无有一实在自性可得，所以不见我为能度，亦不见实有众生得灭度者。菩萨因具此般若空慧，虽度尽众生，却不起度生之念。此即《金刚经》言："如是灭度无量、无数、无边众生，实无众生得灭度者"、"若菩萨有我相、人相、众生相、寿者相，即非菩萨"。

两千多年前，佛陀于金刚座上证悟之际即言"大地一切众生皆具如来智慧德相"，可知心、佛、众生本无差别，故佛陀累劫修行，虽度化众生无数，却说"我未曾度一众生，也无一众生可度"。所以弘化度众，除应有无限的慈悲，更应有无功的般若慧，把寺庙、信徒都还给佛教，自我谦下，如此无功无相度生，才能真正为佛教争光与有利众生。

（三）修行是无功之事

一般人总将修行局限在打坐、念佛、诵经、持午、闭关等名相上。当然念佛是修行，但发心、弘法、讲学、著作、创业、利众、随喜、随缘等这也都是修持。例如圣者的境界"青青翠竹尽是法身，郁郁黄花无非般若"，搬材运水无非是禅，行住坐卧皆有佛法。律宗有源和尚请教大珠慧海禅师如何秘密用功，慧海禅师答说："肚子饿时吃饭，身体困时睡觉。"一般人执着五味六尘，所以吃饭时挑肥拣瘦，食不甘味；睡觉时胡思乱想，辗转反侧。而禅者已体悟万法皆空的法性，了知五味六尘的一切皆不可得，所以能平常吃饭，安逸睡觉。此即修行要在生活中修行，要在无功中修行。

有些初入道的修行者，动不动就要闭关、住山、持午等，其实这是逃避弘法利生的责任，借口修行，而实懒惰。印顺长老说："放弃弘法利生或修学佛法的责任，只是借口修行，其实是懒惰的代名词罢了！"道源长老也说："只是口头说修行的人，佛教都快给这些人修行完了！"这两位长老的话，是语重心长的教训。出家人要有真修实学，不要自我标榜，不要自赞毁他。修行，要修无功之行。

（四）证悟为无功之事

一个证悟者，从不自高自大，也不标新立异。所谓平常心是道，赵州八十行脚，维摩病中不忘说法，佛陀晚年仍托钵行化，常说："我是僧中的一个。"多么平凡的伟大！多么美好的证悟无功的风光！

600 卷《大般若经》，其实可以用 16 个字概括它的中心思想，即"无相布施，无我度生，无修行持，无证悟道"。这不但说明了悟道是无功之事，甚至布施、度生、修行都是无功之事，因为"真如界内，绝生佛之假名；平等慧中，无自他之形象。"洞山禅师的"麻三斤"，本身虽无意义，却截断分别、意识、思想，无文字脉络可寻，即所谓"言语道断，心行处绝"。现在有些人自称开悟得道，标榜自己修行过人。事实上，悟境怎能以语言文字来说，证悟乃无功之事，是"言说即不中"的。

综观以上各点，列举出家人生活的"十无思想"：

第一，求富贵，要求无财之富。

第二，要拥有，要拥无求之有。

第三，讲慈爱，要讲无情之慈。

第四，要快乐，要有无欲之乐。

第五，要居家，要有无住之家。

第六，要居处，要居无安之处。

第七，要人众，要有无人之众。

第八，要用心，要用无悔之心。

第九，要智慧，要有无聪之慧。

第十，要做事，要做无功之事。

出家人如能体会此"十无思想"，并以此来修行，道念自然能日渐增进。

1991 年 4 月讲于佛光山

青年僧伽的十有思想

"十无"与"十有"，看似两个极端，
其实"色即是空，空即是色"，
"无"与"有"之间并不存在鸿沟，实乃一体之两面。

前一篇论述《青年僧伽的十无思想》，接下来续谈《青年僧伽的十有思想》。

"十无"与"十有"，看似两个极端，其实"色即是空，空即是色"，"无"与"有"之间并不存在鸿沟，实乃一体之两面。

佛教信众过的是家庭生活，以世间法为主，生活上以"有"为着眼点来满足需求。不过，有，是有限量、有穷尽的，但欲望却是无限量、无穷尽，永无满足的。那么，如何才能让这颗有求的心，有得宽广、有得自在、有得净化、有得满足呢？兹举出十点阐述如下。

一、有宇宙之心

所谓"心包太虚，量周沙界"，王阳明说："宇宙是吾心，吾心即宇宙"，因为吾人的真心，实在不易相比！"佛说一切法，为治一切心；若无一切心，何用一切法？"佛教的一切道理，都是为了正心，正心才能入道。人忙忙碌碌几十年，终其一生只为了四大之身、为了亲人眷属、为了私我欲望、为了功名利禄而百般辛苦，却很少为自己的真心去探个究竟，终于迷失在世间。

我们应当追求探索自己的内心，从变幻灵动的心中寻找真实的我。这个"我"，非指身高几尺或眼耳鼻舌身等外相，而是指心识——我们的本来面目，这颗拥有真如自性的真心，才是我们自己。佛经里对真心有诸多譬喻，例如：

> 心如大海，能容纳百川。
>
> 心如大地，能普载万物。
>
> 心如虚空，能包容一切。
>
> 心如良田，能生长万法。
>
> 心如光明，能普照十方。
>
> 心如能源，能发挥潜力。

心，具有无比的威力，但是人心的性能有好有坏。有的人性能好，心无杂染，远离妄缘，凡事能大能小、能有能无、能进能退、能饱能饿、能苦能乐、能荣能辱；有的人性能不好，身惹尘埃，心随欲境，凡事不分大小、不识有无、不知进退、不能饱饿、不辨苦乐、不明荣辱。心的好性能，是遍布流广，潜力无限，是"亘古今而不变，历万劫而常新"的，那如何才能拥有一颗宇宙之心呢？

（一）包容是宇宙之心

"佛"，在我们的信仰心中；"光"，在我们的慈悲心中；"山河大地"森罗万象，在我们的包容心中。

过去，有人想来佛光山出家，问我需要什么条件？我说："出家不是交易，没有什么条件，但要先回答一个问题，答对了就有僧伽的资格。”

我问他："佛光山是谁的？"

有些人会说："佛光山是你星云大师的。"

这种分别你我的心态，是修行的阻碍。试想：你在"我"的佛光山出家，"你"能安住吗？佛光山无论多好，但若不合你意，住久了终会厌离，所谓"梁园虽好，不是久恋之乡"，没有共识，没有融和，是很难长久在佛光山安身立命的。

"佛光山是谁的？"

"佛光山是我们的！是每一位佛光人的！"

佛陀教义在佛光山发扬，光明妙法在佛光山弘传，诸佛菩萨在佛光山示现，十方信众在佛光山云集，身在佛光山，出家修行在佛光山，只要心里有佛菩萨，将自己融入佛光山里，我就是佛光山，佛光山就是我。

家是我的，便会感觉家很亲切可爱；父母兄弟姐妹与我同心，彼此自然亲密和谐；亲戚朋友与我同道，彼此即无隔阂存在；国家社会是我生长的地方，我与国家社会息息相关；同参道友、芸芸众生都是我的法侣，我能够包容兼善天下；宇宙一切都以包容心看待，我就会珍惜它、爱护它。

现代的人不易共处，常常践踏友谊、轻视伦理、急功近利，都是起因于心胸狭窄，不能包容，不能宽厚，不能"湛然冥真心，旷劫断出没"，人间纷纷扰扰即由此产生。所以，要有"宇宙之心"，包容一切，这个世界就会在人人包容、处处融和里变成净土。

（二）慈悲是宇宙之心

社会上常讲的爱心，有人我对待的分别，而慈悲，是没有人我对待，也没有亲疏分别的，是把别人看成与自己一般，给予慈悲。除了对身边亲爱的人慈悲，对不相识者更应怀有"无缘大慈，同体大悲"的真心，这就是"宇宙之心"。

例如，修行人为了草木的生长，不忍任意践踏；为免飞蛾扑火，宁可晚上不点灯；为了鸟雀的觅食，常在庭院留些稻谷；为了雨季虫蚁，蛰夏安居不远行，这都是慈悲心的展现。

有慈悲的人，处处为人着想，时时包容一切众生，这就是宇宙的大心。

（三）感恩是宇宙之心

稍有道德良知的人，对别人的滴水之恩，都会涌泉相报，何况学佛的人，更不可不感恩。佛经中所说的上报四重恩，即父母恩、师长恩、众生恩、国家恩，就是弥天盖地的报恩心。

父母生我、养我、育我，备受辛苦劬劳，才使我成长。长大成人后，有时不能甘脂奉养，随侍左右，无法恒顺慈心，未能光耀门庭，空受父母抚育，怎不令人惭愧？今日有缘学佛，更应感念父母深恩，以学佛修行功德令父母脱离生死轮回，乃至生生世世父母，才算真正报答了父母的养育之恩。

世间若无师长教诲，何能知礼达义？又怎能修学佛法？所谓"一日为师，终身为父"，凡受师长教诲，皆应报答。如中国著名的佛经翻译家鸠摩罗什，初学小乘法，等他学会了大乘法的真实义后，又万里迢迢回去度他的小乘师父，这种报恩，即是史上有名的"大小乘互为师"的佳话。

报众生恩，是更深一层的报恩。我们吃一顿饭，当思来之不易，要靠农民耕种、商人贩卖、典座烹煮，才有米饭佳肴可食，要多感恩啊！穿一件衣服，从缫丝、织布、裁制、缝衣，历经多少双劳苦流汗的手，才有衣服可穿，要感恩啊！所居住的房子，需要农民植树、工匠砍伐、泥水匠砌筑、建筑师设计，才有避风遮雨的住屋，能不感恩吗？天下一切人、事、物皆环环相扣，都是诸多因缘的汇集，而成就我们的身家，所以要感谢众生恩。

国家，是生存的依附，是子孙未来的保障。因此，有力量要协助生产，有技能要提升技术建设，有智慧要贡献服务，有财力要尽义务，将自身与国家紧密结合。犹太人在成立以色列国之前，曾经像失根的兰花，到处飘泊，受尽欺侮。我们既然生活在这一块土地，就有责任肥沃这一片土地，报效国家恩。

感恩的人生是充实的，感恩的人生充满快乐，感恩才能心怀一切，因此，感恩的心是宇宙之心。

（四）菩提是宇宙之心

对出家人而言，发心极为重要；有心，则无事不成，如时钟上紧了发条，船依舵而前进。"谁道佛身千万身，重重只向心中出"，无心，任何事皆难以成就。

古印度时代，阿育王为了测试人的心力有多大，命令一名死囚头顶一碗油，绕行大街小巷一周，如果一滴油都不洒落，即赦免其死罪。阿育王在死囚所经街道上布置种种奇观杂玩和珍花异草，又安排乐师吹奏美妙的音乐，又有美女翩翩轻歌曼舞，来分散死囚的注意力。但死囚畏死的心力强烈，在此生死关头，他一路目不斜视地顶着满满一碗油，"如临深渊，如履薄冰"般地走完全程，竟然未曾洒下一滴油。

阿育王问他："你在路上有没有听见什么声音？看见什么动静？"

"没有啊！"

"你难道没有听到悦耳的音乐，看见艳丽的美女吗？"

"启禀大王，我什么也没有听见，什么也没看到。"

生死一念，能够使人心无旁骛到这种地步，可见发菩提心的潜力有多大。

《华严经》云："菩提心者犹如种子，能生一切诸佛法。如良田，能长众生白净法。如净水，能洗一切烦恼垢。如大地，能持一切诸世间。如大海，一切功德悉入中。如莲华，不染一切世间法。如良药，能治一切烦恼病……"发菩提心，若能在生死一念上修行，就能安稳不动摇，乃至灭除一切烦恼火焰，菩提心就是宇宙之心。

人世间有种种的忙碌，种种的应酬，但是若连自己的心都无法调伏，无法认识清楚，还谈什么宇宙万有？谈什么生死涅槃？出家，要看破生死，要有宇宙之心，如宋儒张载的心胸："为天地立心，为生民立命，为往圣继绝学，为万世开太平"，就是无限宽广的宇宙之心。

二、有度众之慈

未成佛道前，要先发心度众生，佛道虽未完成，但先存有度人之心，这叫菩萨发心。大乘佛教所说的菩萨发心度众，不是等自己了生脱死、成就佛道后才来度化众生，而是在修道过程中，不断从度化众生中来完成自己。菩萨发心，是慈悲心的展现，当下即是佛心，当下就与诸佛菩萨齐心。所以，大乘佛教也可以说是慈悲的佛教。

为何要度众生？为什么要由我来度？过去的诸佛菩萨和高僧大德，致力宣扬佛法，开示教义，建寺办道，译经度众，作为接引众生的桥梁，我们不就在诸佛菩萨的种种方便教化中，被引度进佛门的吗？因此，我们既已受度，更要度众生。如何培养度众之慈？

（一）念众生苦是度众之慈

常念众生苦，时时想到众生的种种苦厄，自然就能生起度众的慈悲心。日本有一部《铁眼版大藏经》，是明朝铁眼禅师到日本刻印的藏经。铁眼禅师为刻印藏经，在中国化缘 12 年，走遍城乡，节衣缩食，好不容易募化得差不多了，正预备刻印时，中国却爆发了洪汛水灾，他立刻把辛苦募化 12 年的钱捐献救灾，半生的理想和希望虽刹那成空，但救人一命胜造七级浮屠。为能解除众生之苦，诸佛菩萨的头颅性命都能布施给众生，我们一点点度众的心力又算什么呢？

过去，印光大师为筹建道场，四处募化，每次筹到的钱还来不及用，就先拿去救济旱涝灾民。印光大师心系众生，心念众生苦，不忍独安乐，即使无寺庙住，也不以为意。

（二）念众生恩是度众之慈

我们生活在世间，不论有情、无情，都与我们有因缘关系，所以佛教提倡报四重恩，其中之一就是：念众生恩。

我为什么要办教育？佛教不是我一个人的，为何要如此辛苦办教育呢？因为过去前人办教育成就我，老师教育我，才使我有今日的成就，应该要回报。想到过去师父收我做徒弟，才有因缘学佛得度，那么我该如何回报师恩呢？我就以多收徒弟，给予众生慧命来报恩。

为什么要对别人好？因为有许多人待我好！吃的、穿的、用的，种种方便皆受惠于人，处处享有人家给我的笑容，给我的合掌，给我的赞美，这一切我该如何报答？只有发心度众来回报。所以，想到父母有恩于我，师长有恩于我，就要发心度众，只要念念不忘众生苦，念念不忘众生恩，自然有慈悲心度众生。

（三）念因缘是度众之慈

念因缘，也能有度众生的慈悲。人无法单独存在，须仰赖各种因缘和合，互相依赖才能生存。像我童年未曾读过多少书，而能认识一些字，主要是因为母亲听我读故事小说时，在旁指正我的错别字，让我有了识字的"因缘"；家里人口稀少，无人烧煮三餐，年幼的我自动负起烧饭煮菜的责任，不意却获得卧病在床的慈母指导，让我得到烹调秘诀的"因缘"。少时亲近信佛虔诚的外婆，在外婆的念佛诵经声中，增加我信仰的"因缘"。家乡寺院庵堂很多，出家人衣袂飘然、法相庄严的行仪，在我幼小的心灵里埋下种子，不知不觉中蕴酿我出家学道的"因缘"。

当初，释迦牟尼佛在菩提树的金刚座上，夜睹明星而成正觉，悟的是什么？即宇宙的真理——因缘。如果懂得因缘，就应当广结善缘，广度众生。有些人出家学道，只想到深山里闭关，找一个清净的地方坐禅，除了自己，不要有别人，不要烦扰复杂，只想单纯清修，这种方式，让人不以为然。为了一己的出家修道，常住大众多少奔忙，父母师长多少辛苦，十方信徒多少供养，才能成就个人的清修，不过，即使个人获得了清净安住，无视众生仍继续留在烦恼红尘里挣扎受苦，这样的人真能得道吗？《阿弥陀佛经》云："不可以少善根福德因缘，得生净土"，孤因孤缘，怎么能成就佛道？度生的因缘尚未培养，即妄想成道、了生死，这是违背因果观念的。要拥有因缘，就得先结缘。

（四）念无我是度众之慈

需有多少因缘的成就，才有"我"个人的存在。因此，人不能只为自己的利益打算，应当想到大众：我是大众中的一个，没有大众就没有我的存在；要从"无我"中，想到别人，想到大众。若能"无我"，就能生起人我一体的慈悲心。慈悲心生不起来，是因为有分别识作祟，若能消泯、融合你我的立场，我就是你，你就是我，换你心为我心，即会慈悲，不忍心逼害他人。

为什么要度众生？因为众生苦。佛教基本教理"四圣谛"——苦、集、灭、道，即是一部藏经的精神。现实的人生，苦集相成相残。苦从哪里来？从因，从集，从苦集的因果关系而来，要超脱这种苦集关系，必须修学出世法，也就是出家修道，证集灭，这是出世的因果。修道为因，证涅槃集灭为果，是小乘原始佛教思想。

从前，有个沙弥随着师父赶路，这个师父是有神通的阿罗汉。沙弥背着包袱跟在师父后面，走得气喘吁吁的，想到众生沉沦苦海，心里非常哀悯，不觉发了广度众生的心。阿罗汉师父感应到了，立刻停步，回过头来说："徒弟，我替你背包袱，你走前面吧！"

小沙弥吃了一惊，问道："师父，为什么要这样？"

阿罗汉师父拍拍沙弥，笑着赞许他："你刚才广度众生的慈悲心很强，师父惭愧不如你呀！"

沙弥拗不过师父，只好把包袱交给师父，自己走在前面。经过一个水塘时，发现很多蚂蚁在水里挣扎，沙弥心想："这么多蚂蚁，怎么救得完！世间众生如此之多，哪能一一救度？太难了！太难了……"冷不防阿罗汉师父把包袱朝他肩上一挂，骂道："你这假慈悲人，走到后头去！"

人，要有度众的慈悲与愿心，才会真正受人尊敬。每一个人应该培养广大的慈心悲愿，无我相，无人相，无分别相，时时以"念众生苦，念众生恩，念因缘，念无我"来激发自己度众的佛心。

三、有弘法之勇

弘法要勇敢。出家人宣扬佛法，要无所畏惧退缩。

什么是弘法？《金刚经》云："若复有人，于此经中，乃至受持四句偈等，为他人说，其福甚多。"做好佛教文化宣传的工作，就是弘法，就是功德。

弘扬佛法是出家人责无旁贷的使命，弘法的方式有多种：以口宣说、以文字弘传、以活动表现或透过印经、建寺、开办事业等来弘传。

弘法要有四大皆空的勇敢。例如到监狱弘法，有的人不敢走进黑漆漆的监狱，害怕恶形恶状的囚犯，没有勇气，怎么走进监狱？到军中布教，有的人一见枪械武器就发抖，害怕全副武装的军士，如何弘法？到穷乡僻壤弘法，需要无惧蛇蚁蚊兽的勇气，到异国边陲弘法，更需要忍苦耐寒的勇气。

过去，我以文字弘法，写了几本书，有人说我："一天到晚耍笔杆子，不做事，真会偷懒。"

我办佛学院，上课教书来弘扬佛法。有人看我终日与粉笔灰为伍，又说我："这个大和尚只会耍嘴皮子，改作业，真会享受。"

教书也不行？我巡回讲经、开山建寺、砌墙、糊水泥、煮菜、搬石砍柴……日夜奔波，废寝忘食，历经艰辛，把手掌折磨得粗皮厚茧，又有人说："只会讲经、建寺，有什么了不起？英语都不会说！"

我虽不会英语，但是 30 多年来，我走遍了全世界多少国家？宣讲了多少部经典？兴办了多少场法会？我把佛法带到世界各地，让佛光普照三千界，法水长流了五大洲。弘法要勇敢，肯冒险犯难，更要难行能行，难忍能忍。如何具备弘法之勇？

（一）不怕艰难是弘法之勇

弘法不能怕艰难，越是艰难的困境，越能凸显佛法的可贵。历史上的佛教盛世，若无高僧们的克难精神，佛法如何弘扬开来？当初，道生大师倡导"一阐提能成佛"，被当时的人激烈抨击，将他逐出建业，他由北方被驱赶到南方虎丘山，仍然坚持自己的看法。相传其对石头说法，使石头也为之点头。后来，《涅槃经》传入南京，证明了道生当初的见解正确。"一阐提成佛"之说，经过道生大师的艰苦力争，才得以水落石出。

佛教大翻译家鸠摩罗什，从龟兹来到长安，本为弘扬圣教，却被逼与龟兹王的女儿结婚，引起当时许多谣言与批评。鸠摩罗什为了译经弘法，不辞耻辱，后以"吞针"示众，取莲花而不取污泥。圆寂之时，舌头焚烧不坏，证实他的说法无误。他所译的经典，对大乘佛教贡献极深，也推动了中国佛学的发展，其忍辱负重的弘法精神，令人称叹！

（二）不畏迫害是弘法之勇

佛教的兴衰，总是依循着帝王及时代而变迁。中国佛教的四次大法难，有多少祖师大德殉道，又经过多少祖师的弘扬才得以复兴。如日本亲鸾上人、日莲上人，为了宣扬本宗教义，不断受异教徒追杀、迫害、诽谤。今日的净土真宗、日莲宗能绵衍为独立的正式宗派，确实是这两位上人的功劳。

东晋太尉桓玄压迫佛教，认为佛教应隶属于国王权力之下。慧远大师本着佛教立场，主张沙门不必礼拜帝王，著有《沙门不敬王者论》，力争佛法的尊严，毫不让步。这种引颈待戮的勇气，终使僧众免除礼拜帝王的规矩。

1950 年的台湾，是基督教的天下，一般人都不敢自称佛教徒。煮云法师竟然无视当时政府的忌讳，在公众场所讲说《佛教与基督教的比较》。有人忧心忡忡地劝告他："煮云法师，你不怕当局逮捕你，杀你的头呀？"煮云法师手捻念珠，平静地说："断头是以后的事，现在先让我把佛法讲完。"

现代僧伽应有他这种不畏权势、不惧迫害的大无畏精神！

（三）不惧繁忙是弘法之勇

有人出家修行，只想清修、闭关，怕忙碌、怕信徒多、怕烦恼事。

有人说："佛光山太忙了，没有修行"。我不知道他们的修行定义是什么？如果只有打坐、念佛、闭关才是修行，那么，佛陀成道后的49年间，讲经300余会，日夜奔忙，难道佛陀也没有修行吗？

忙，才有修行；忙，才会忘掉烦恼。玄奘大师每日口述译经、润稿，与帝王商讨国家大事，为王公贵族讲经、消灾、诵念，他也很忙呀！身为国师，若不周旋于帝王将相之间，如何以国家力量支持佛教译经事业、如何护持佛教呢？

学佛的人不要怕忙，要在忙碌中奉献，在忙碌中普度众生，从忙碌中完成自我的法身慧命。忙，有无限的法乐；忙，有许多的成长；忙，有生命的充实。大家要为教而忙，为众生而忙，为自己而忙，为千秋万世的佛法昌隆而忙。

（四）不受恩宠是弘法之勇

有人说：出家人难过名关、利关、恭敬关，是有道理的。我个人弘法四五十年，获得名声不少，名气大，烦恼也不少；十方信徒捐献佛光山的善财虽多，但佛光山为兴教利生而背负的债务更多；我与心平、心定、慈庄、慈惠、慈容、慈嘉等几位长老四处弘法，以恭敬心对待十方大德，还有人嫌我们不恭敬他……虽然不能尽如天下人之意，但我敢说："名关、利关、恭敬关，通通与我无关！"

不求名，不求利，恭敬十方，接引众生，出家人本就以"弘法为家务，利生为事业"；有人景仰要弘法，无人闻问也要弘法，我们要担当继承如来家业啊！

宋朝道楷禅师大阐禅门宗风，德行高超。皇帝颁赠紫衣袈裟，并赐号定照禅师，以褒扬他的功德。禅师上表坚持不受，皇帝特派亲王去封敕，他仍然拒绝，以致龙颜大怒，下令收押议罪。刑官知道禅师仁厚忠诚，见到禅师时借故暗示："禅师面容憔悴，身体虚弱，是有病吧？"

道楷立即挣扎着直身挺立："没有！没有！"

刑官一再用眼色暗示："禅师身体有病，一时疏忽违逆了圣旨，并非蓄意，可因病免罪呀！"

道楷禅师大声说："我没有病！怎可为了免罪而称病呢？即使皇上恩宠于我，我也不能说违心话，做违心事啊！"一般人对皇帝的恩宠、封赏，无不感激涕零、求之不得！而道楷禅师秉持修道人风范，无视于刀铖罪祸，这种不欺不瞒的勇敢行为令人敬佩，这种不受恩宠的清高道风令人景仰！

所以，如何具有弘法之勇呢？就是要不怕艰难，不畏迫害，不惧繁忙，不受恩宠。

四、有修道之恒

我们要有修道的恒心。"八万四千法门，至理不离方寸"，发心修行，须常自问：道心有多久？露水道心，忽发忽失，太阳一出来就没有了。真正发心修道，"要得滔天并盖地，胸襟流出有何难"，日修月修年年修，朝夕惕励不变心，这才是修道的恒心。

过去长老大德们的成就均来自有恒。唐朝道宣律师为南宗律宗祖师，他听一部戒律，反复千次，毫不厌倦。六祖惠能大师，为等待弘法的因缘，隐迹猎人群 16 年，日日面对猎杀血光，他的道念仍日日长。南阳慧忠国师 30 年不离寮房，南泉普愿禅师 40 年不出寺院，他们的心胸充满菩提，脑海唯有般若，"半夜白云消散后，一轮明月到窗前"，三四十年如一日，这种恒心非常了不起。

有些年轻人一入佛门，就希望证悟涅槃、了生脱死，佛法不是变魔术，哪能一下就成道了，也不像学电脑，学驾驶，几个月就学会了。学佛，是学心地法门，学生命意义，是找心，找自己的本来面目，怎么能轻易找到呢？一年生的树木，可以当柴火烧；三年的树木，可做棍杖使用；十年挺立的树木，是做桌椅、板凳的材质；百年大树，才能做不朽的栋梁。在人间修道，要养深积厚，要为千古的法身慧命深深扎根，才能做佛教的栋梁。如何有修道之恒？

（一）对三宝有信心，是修道之恒

"佛法大海，唯信能入。"进入佛道的第一步，必须培养对三宝的信心：相信"佛"是生命的智者，能引导我们离垢断苦，提升自性中的佛性，谛观人生真理。相信"法"能通透人生的真理，可以度脱无明烦恼，获得快乐解脱。相信"僧"是我们的亲教师，是我们人生的导航。

修道，要相信三宝的慈悲与智慧，从信仰中学习佛的行仪，来健全自己；从信仰中学习佛的心力，去度脱自己。净土法门的弥陀愿力，使我们相信念佛可以往生西方净土，相信弥陀的发愿真实不虚。信心如手，能使我们获得无限智慧；没有信心，如同无手之人，入宝山也徒然空手而回了。

（二）对修持有道心，是修道之恒

《华严经》云："初发心便成等正觉"，最初入门所发道心，若能持之以恒，便能成就正等正觉。

修行,要发大心,沉得住气,忍得住苦,耐得住劳,对自己的修持有道心,才能成就法身。常不轻菩萨修行的法门,"我不敢轻于汝等,汝等皆当作佛",虽然被路人投石、鞭打、厉骂,也不变初心,终于成就忍辱菩提。东晋慧远大师在庐山结社念佛,修持般舟三昧,30 年不出庐山一步,成为中国净土宗的祖师,靠的即是坚忍不移的心力。

藏传密教里,要当"格西",需要 30 年的时间,即使达赖喇嘛,也不容易完成这个学位。学密法,没有 10 年的显教基础修"四加行"(供养 10 万次、持咒 10 万遍、观想 10 万次及五体投地大礼拜 10 万拜),是不能得法的。饭没有煮熟,不要妄自掀开;蛋没有孵够,不要随便一啄。不论学习打坐、讲经、持咒修持或苦行服务,只要有道心,一定能成功。不必急于出头,也不必羡慕别人,只要有精进的道心,专心修持,"转身踏破虚空,一切是非莫顾",念兹在兹,必有成就。

(三)对众生有悲心,是修道之恒

学佛之心态,不能像一般哲学家,只在文字、理论上作分析,空口夸谈;或像历史学者,只在典籍史料上考据求证,大做统计文章,这些都脱离了佛法的本义。

佛法重视众生的实际生活,重视解除众生的痛苦烦恼,并非一般的谈玄说妙。所有的佛法,都是为了对治众生的各种贪瞋痴心病;八万四千法门,也是为对治众生的八万四千烦恼。不但个人渴望解脱痛苦,众生也同样盼望消灾免难,因此,学佛的人,不能以一己之寻求解脱为满足,对众生的痛苦更要有悲心去救度。

诸佛菩萨为救度众生苦，在娑婆世间马不停蹄地奔波；因不忍众生受六道轮回苦，而为广大众生许下誓愿：如地藏菩萨为地狱众生发下"地狱不空，誓不成佛"的大愿；消灾延寿药师如来，为众生而广发十二大愿；观世音菩萨之千处祈求千处应；阿弥陀佛的四十八大愿等。我们只要如诸佛菩萨般发了广度众生的悲心，在佛道上就不会轻易退却。

（四）对佛教有热心，是修道之恒

若欲振兴佛教、弘法利生及净化社会，必须佛教徒对佛教事业热心参与。政府提倡由寺院兴办公益事业，即是因为宗教对提升社会道德有很大的效益。数十年来，不论佛教团体、佛教寺院、佛教徒，均热心投入济世事业，譬如冬令救济、托钵济贫、建立医院、孤儿院及养老院等福利事业，为社会风气的改善作了正面的示范。

一位佛教信徒，不论从事学术发展、文教护持、经义讲说或社会服务……佛光人都要以佛光四句偈，作为日常修持的目标：

慈悲喜舍遍法界，惜福结缘利人天；

禅净戒行平等忍，惭愧感恩大愿心。

我们要热心佛教事业，多结缘奉献，从结缘中获得快乐，从奉献里获得满足，这是悟觉的修持与成佛的资粮，能够安住在佛心佛境里，还怕佛道难成吗？

五、有正觉之慧

人之聪明才智虽各有不同，但若未用于正道，就会变成"聪明反被聪明误"。有时是一般的世俗之见、世智辩聪，有时甚至堕入邪魔外道，凡此都是没有正觉的智慧。

佛教教主释迦牟尼佛，为何被称为"佛陀"？即因为他是觉者！

觉，指觉悟；觉，要大觉。佛陀是"大觉世尊"；凡夫是"不觉"；二乘声闻有"正觉"，但不能"正等正觉"；菩萨是"正等正觉"，但不能"无上正等正觉"；唯有佛才能"无上正等正觉"，才能成就阿耨多罗三藐三菩提。

阿耨多罗三藐三菩提的"正觉"，属于"净觉"，清净的觉悟；属于"满觉"，大圆满觉，指的是佛陀的福德、智慧圆满，自觉觉他，都是般若的慧觉。何谓正觉之慧？

（一）四依止是正觉之慧

"四依止"是佛陀临涅槃时，交代佛弟子的四依法。此"四依止"为：依法不依人，依义不依语，依智不依识，依了义不依不了义。兹分述如下：

依法不依人：法，指佛陀所说的三藏十二部经，我们要依佛所说的正法行事，不依人而行事。人有生老病死，法是恒常不变的，故应随法而不随人。

依义不依语：要依佛法的意义，不依赖空洞的语言文字。也就是说，要了解佛法义理，但不可执着语言文字。就如人以手指头指月，手指不等于明月；以文字解说佛法真理，文字并不等于真理本身。

依智不依识：智，是理性的，有筹量、分别善恶之用；识，是非理性的，是对世间的感觉。我们要依般若智慧作人生行事的准则，不依顺一般世俗的知见看法。

依了义不依不了义：不了义是方便假说，好像世间的一般道理。了义是真实说，是诸法实相的般若智慧、第一义谛真理。我们要依持宇宙的究竟真理，不盲从方便之邪说。

如果我们能以"四依止"作为学佛之方针，即能拥有正觉之慧。

（二）四念住是正觉之慧

四念住，又称为四念处，是指将心念系于"观身不净"、"观受是苦"、"观心无常"、"观法无我"四种法门，从不净、苦、无常、无我中认识宇宙人生的实相。

在日常生活中，我们常为肉身打算计较，吃的要营养丰富，穿的须漂亮名贵……不断为苦空无常的身躯打扮、操劳。观身不净，是破除对身体的执着，了解色身的种种不净与虚幻不实，而追求真实永恒的慧命。

观受是苦，让我们了解世间的苦受、乐受、不苦不乐受，都是自己的无明（不明事理）造作，是自作孽的痛苦。苦海无边，我们要自求多福、有利于他人。

观心无常，心念如猿猴跳跃，如瀑布湍流，念念不停。前念决定的事，后念又幡然反悔；前念初生善意，后念又起傲慢，若不小心守护，任由心念在烦恼的五欲爱河中翻滚浮沉，将不断轮回生死于六道之中。

我们的思想观念常执持"有我"：我的东西、我的朋友、我的看法……因为有我执，痛苦就接踵而至。世间万法变化无常，人也有生命、青春的囿限，如果不能放下"我"，就无法脱离"束缚"而得自在。所以，要观"诸法无我"。

能以"四念住"的法门认识看透人生，我们的身心就能获得正觉之慧而清净自在。

（三）三法印是正觉之慧

三法印，是佛陀为追求安身立命的清净境界，从生老病死诸苦的逼迫中，体悟出来的真理。法印，有印信、印可、证明之意。"三法印"是指"诸行无常，诸法无我，涅槃寂静"三句真理，凡符合三法印原则，便是佛陀正法。

从时间上看，现象界中的任何物质，无时无刻不在"生住异灭"或"成住坏空"中不断变化。凡有生必有死，有少年必有老年，有盛必有衰，有功名必有烦恼，没有一样事物是固定不变的。世界上哪有永远青春的人？哪有永远不死的生命？哪有永不毁坏的事物？哪有永不凋零的青山绿水，这就是"诸行无常"。

从空间上看，世间的有为法（有所造作）、无为法（永恒不变而存在），都离不开缘生缘灭的法则。无我，是没有主宰、无从操控的意思。五蕴和合之身，因为无我，所以无从主宰、操控身体不病、不老、不死。东西没有自主权，随时会变化、变坏。一切财富、名利、感情，都不能永恒存在。万法包括人、事物、有情、无情，皆由因缘聚而生，由因缘灭而散。了解世间诸法无我的道理，将身心安住于不生不灭的法身慧命出世间法中，才能获得真正的解脱快乐，这就是"诸法无我"。

涅槃，就是解脱，没有烦恼，是身心自在的境界，它是极乐净土的世界，只有安乐，没有痛苦烦恼，是证悟者所达到的境界。

涅槃寂静，并非指死后才证得涅槃，佛陀成道时，就已证得涅槃解脱境界，而中国的祖师大德，如六祖惠能、马祖道一等禅师，也是在生前就已证涅槃，并以证得的智慧去弘法度众。涅槃的最高境界是无住涅槃，"以大智故，不住生死；以大悲故，不住涅槃"。诸佛菩萨即是悲智双运，恒以无住涅槃的智慧，常化众生永不休息。

（四）四圣谛是正觉之慧

四圣谛，乃佛陀住世时，对弟子所说的四种基本教法——苦谛、集谛、灭谛、道谛，显示出人与人之间如何从烦恼到清净的过程。

苦谛：人生有八苦，其中的生、老、病、死，都脱离不了人与人之间的各种关系。没有父母生养我的色身，何来人生？何来苦痛？因此，生苦是父母与子女关系的表现。有生必有老、病、死，种种五蕴炽盛苦也相续而生。而爱别离、怨憎会、求不得等苦，点出了现实社会人生的真相，真是充满了苦恼不安。

集谛，说明苦的原因，引起烦恼的根源及渴爱的真相，就是贪、瞋、痴的烦恼。人们常常贪恋某人或某物，瞋恼他人的得意成功，痴迷于人或诸法的一时现象，这也是人与人间，依他缘所起的现相。

道谛，提出了对治贪、瞋、痴的种种方法。一般指八正道：

正见：正确知见世间与出世间的一切法。如：相信有业有报，有因有果，有凡夫有圣人。

正语：正当的言语，不说谎、不搬弄是非、不恶口、不绮语。

正思维：正确的思想，使心念归于正道上。

正业：正当的行为，不做坏事。

正命：正当的生活方式。不做害人、杀生、赌博等种种恶行职业。

正精进：勤修正法不退转。如念佛、助人、服务、结缘。

正念：正当的意念。时时念佛、念法、念僧、念施、念天、念戒。

正定：清净的禅定。指清净不乱的理智、定力。

灭谛，则是透过八正道的修持，灭却种种烦恼，达到安稳、解脱、清净的涅槃境界。

上面所说的四依止、四念住、三法印、四圣谛，都是通往正觉智慧的道路，"列祖传持只此心，洞然无古亦无今"，依此修行，可以得解脱，可以获智慧，可以成菩提，可以入涅槃。

六、有出世之性

佛门里，有出家弟子与在家弟子。出家弟子之成为僧众，不是因为能力、学问不同，主要是具有"出世的性格"。在家信徒虽无出世的思想，但要有入世的信心与愿心。所以，佛教有五乘佛法——人、天、声闻、缘觉、菩萨五种层次，就如学校有分小学、初中、高中、大学、研究生五个阶段，各有精进的深浅一样。

五乘佛法中，人、天属于入世的思想，如中国儒家可看成人乘之佛教，基督教提倡"升天"、"博爱"，可归为天乘佛教。而道家讲"无为、修性"，是类似声闻、缘觉的佛教。各个宗教，虽不同于佛教的人、天、声闻、缘觉层次，但佛教与他们最大的差别，是菩萨道的思想。菩萨道，不仅有人天乘的入世精神，也有声闻缘觉的出世思想；以出世的思想，做入世的事业，把入世和出世融合为一。凡具有此种入世、出世的思想，即是大乘菩萨道。

出世，并非要远离世间，而是对世间的一切，不贪不求，不计较执着。出家，不但要有出世的性格，更要有大众的性格及社会的性格，才能把佛法带进迷昧的人间，而不是一味孤悬自己、隔绝自己。《六祖坛经》说："佛法在世间，不离世间觉，离世求菩提，犹如觅兔角。"释迦牟尼佛成道之后，不舍世间受苦众生，到处说法，把菩提清净的欢喜散播给大众，不求独乐，但求众乐，这就是以出世的思想，做入世的事业，也就是大众化、社会化的出世性格。过去，大迦叶具有头陀行的出家性格，目犍连、舍利弗具有真理的出家性格。近代的弘一大师，出家后全体放下，住处不嫌污秽，食物不择咸淡，任何五浊十恶的环境，他都能超脱，都能自在，都能视同净土，这就是出世的性格。出世的性格是什么？

（一）对感情不执不舍，是出世之性

对感情，不执着亦非无情，不多也不少。

在世间修道，早起做早课习惯就好，淡茶素斋习惯就好，少衣少钱习惯就好，受苦受累习惯就好，一切在习惯中可以随缘放下，但最难调伏的是对感情的执着。

有情众生，因爱而有生命，很难看破情爱；爱，是贪求的、占有的、自私的，一切烦恼罣碍、颠倒梦想都会随之而生，因此，要借由佛法，把感情升华为慈悲。

《维摩诘经》云："有乐法之乐可以自娱，汝等得之不复乐欲乐也。"拥有了佛法的清净快乐，就不会欣羡世俗的刺激快乐。憨山

大师有诗云："百年世事空花里，一生身心水月间"，没有佛法的快乐，看不破空花水月，就会计较、贪着世俗的快乐。有些修道人之所以堕落，成了修道的逃兵，即因缺少佛法的体验，无法安住在法乐之中。

欣慕修道，渴求佛法，欢喜常住，热衷事业，爱佛教，爱众生……把爱开展来，不只爱一个人，更爱世间众生。

过去，有一位美丽的女子想上山出家，很多人惋惜，纷纷劝阻说："你长得这么美，出家太可惜了！为什么不嫁人呢？"

"嫁给一个人，太可惜了！"她说："我珍惜自己，所以把自己奉献给佛教，奉献给大众。"

舍一人之小爱，成就亿万人之大爱，这是多么智慧的选择！

有人为情爱所苦，有人将情爱升华，成就"无缘大慈，同体大悲"的慈悲。慈悲不容易。有相的慈悲，心中有人，心中有事，难以解脱；无相的慈悲，天清地净，才是出世的性格。我退位之后，弘法的重担虽没减轻，心境却渐渐空轻了；虽有众人跟随在身边，但我心中没有人，心中没有事。大家都说我"忙、忙、忙"，偶尔几天几夜不眠不休，我也会觉得心有余而力不足，但在平时，我是个空无的人，不知什么是苦，什么是乐，什么是有，什么是无，也不知道什么是来，什么是去。

偶尔坐着看书，忽然想到："我现在哪里？佛光山？西来寺？澳大利亚？香港？我现在是在哪里呀？"有时实在连自己都忘了，得环顾左右稍作思考，那个分别心才会出来："哦！我现在……"才慢慢把我带回人间来！所以，什么叫"解脱"？像我修学佛法，身心都在佛法里，一切苦乐、得失、有无、来去，都不计较，对感情不执着，也不舍离，这就是出世的性格。

（二）对五欲不拒不贪，是出世之性

五欲，就是财、色、名、食、睡，有人说是"地狱五条根"，这是极可怕的！一般人贪恋五欲，沉沦于五欲旋涡里，无法自拔，颠倒覆心，贪着生相，固然可怜；有些修道人排斥五欲，不要钱，不要名，不要吃，不要睡，什么都不要，也是一种执着。就如刀锋犀利，可以用来割草砍柴，也可以用来杀生害命，为善或为恶，全凭如何运用。

金钱能带来烦恼，但妥善运用也可成为净财，例如可用于救灾、捐奖学金、济助贫苦、助印经书等，因此，对金钱要妥善利用，使其成为善财、净财。

何谓"色"呢？比方说：住在高楼华厦里，舒适又美观，是一个色相；人长得庄严标致，也是色相；将佛像以金装为饰，这也无可厚非。修道人不一定要衣衫褴褛，身形邋遢，穿破烂衣服，吃粗劣饮食，才算"修道"。修道成佛，是内在心念的修持，而非呈现在外的色相。以拳头为例，拳头可用来捶背，也可用来打人，同样一个拳头，却有不同的两种作用，"法非善恶，善恶是法"，全看如何运用，用在善的地方即善，用在恶的地方即恶。色相也一样，不拒不贪，用得其法，色相也是助道的因缘。

面对名誉，也须不贪不拒。有些人对"高僧"与"名僧"刻意褒贬，认为高僧清高，名僧好名，但此种观念不符合现代的弘法环境。现代僧伽要入世度众，需要有吸引力、号召力，只要心中无名，名声只为弘法用，没有什么不好。千百年来，最有名的名僧即是释迦牟尼佛，我们念他的名、依他的名修行，他有名、出名，以一名而普度

众生，名有何不好呢？

此外，对于五欲中的"食"与"睡"，若饮食不调，健康不佳，如何弘法？睡眠不足，四肢困倦，如何精进？只要不暴饮暴食，贪懒贪睡，适当地吃，如法地睡，没有什么不好的。

所以，贪恋财色名食睡固然不好，但适当的财色名食睡，则有益于修道。对五欲，抱持不贪不拒的态度，也是出世应有的性格。

（三）对世间不厌不求，是出世之性

有的人厌恶世间，一心想躲到深山里隐遁修行。现在佛门里，有个错误观念：问 20 多岁的年轻人为何学佛？他说："我要了生脱死！"甚至十几岁的小沙弥，问他出家的原因，也说："我要念佛，赶快了生脱死！"

这是很悲哀的，这不是现代沙门的正常态度。年纪尚轻，就急急想死，实在好愚痴！"生"还没有安顿好，求"死"有何意义？父母生养你、师长教导你，朋友帮助你，社会栽培你，都还未回馈报恩，谈什么了生脱死？

冬寒春暖，夏雨秋风，皆依季节而更替；《金刚经》《圆觉经》《维摩经》《法华经》经解各有深浅；世间上，无论什么法、什么道，都有修行次第，修道也是如此。

出家，要先了生后脱死，先入世后出世。出世，不是逃避世间，而是发出离心，不贪求染着世俗名利，以清净无染之身心修行。

（四）对生死不惧不离，是出世之性

不了解生死，才会害怕死亡。

佛门中常讲"了生脱死"，但"了生脱死"的意义为何？谁又"了生脱死"了？即使如释迦牟尼佛也没有了生脱死，释尊成道后，虽已断除三界生死，仍然留在世间说法度众。

"了生脱死"有两种意义：一是精神上的清净无染，二是形躯上的无畏生死。生与死，都不在心中，都不惧不离，才是了生脱死。

过去，台北有位信仰佛法多年的信徒去世，使我对"了生脱死"有另一种了解。那时，为感念这位信徒的护持，我带领一群新出家的法师到殡仪馆为他诵经。事后，我挂念这群弟子会起烦恼：为什么才出家就开始赶经忏？

于是我集合大家，作一番说明："出家众到殡仪馆做佛事，目的为何？亡者的家人亲友，在茫然无助、悲恸中看到法师，好像看到了救星。一场佛事，抚慰了生者的哀伤，这是'了生'。而亡者虽死，未必走得安心，会希望家人节哀，也希望自己能往生净土，法师为他诵经超度，解决死的问题，这是'脱死'。所以，发心抚慰生者、利于亡者，不是经忏佛事，是做'了生脱死'的事业啊！"

参加"短期出家"，也是另一种形式的了生脱死。数天的修道日子里，暂时远离悬念的金钱财利、忧虑的工作职业、世俗烦恼及炽燃贪欲，让心地清净，不过问人间是非，不想生活问题，这不是"了生"吗？结束了短短数日的修道生活，对人生有了新的观念、新的方向，不再醉生梦死，不再顾虑害怕，这不就是"脱死"了吗？

"了生脱死"不是以后的事，当下、现在就能"了生脱死"。佛陀在菩提树下的金刚座上，夜睹明星而成正觉，证悟生死解脱之道，即是"涅槃"，也就是"了生脱死"。现在有很多人认为"人死了就是涅槃"，连自杀、枪毙也叫涅槃，这实在是对"涅槃"一词的侮辱。

"涅槃"，是新生命的开始，不是旧生命的结束。生与死之间，有何可怖？有何可惧？对于生死，要不怕不离，看透放下，才是出世的性格。

七、有护教之忱

"人能弘道，非道弘人"，在佛法的薪传过程中，卫教护法之事不胜枚举。

我个人出家几十年，最担心的是佛门的冷淡、冷清、冷漠。佛门中不是没有热忱的人，多少信徒热忱护持佛教，多少法师热忱弘传佛法，但是，出家众彼此之间，有时缺乏道侣的热忱；要长老大德交棒给年轻人，又往往当头一棒打压下来。

1967年，我为了培养佛教人才，不畏种种艰难，开办了东方佛教学院。当时有一位长老，为了这件事召开会议，不谈佛教如何薪传，佛法如何弘扬，竟然研究如何打倒"东方佛教学院"。幸好有人发出正义之声，说："基督教的书院，天主教的神学院，我们都没有动念要打倒他们，何况是佛教的佛学院，为什么一定要打倒东方佛教学院呢？"由于这番仗义之言，东方佛教学院才得以幸存。至今，我仍然不明白：我办佛教学院有什么不对？他们为什么要打倒东方佛教学院？

在学佛道上，求法、弘法、护法都一样重要。有人认为：出家人以弘法为重，在家人以护法为主，其实不完全如此。弘法就能护法，护法就能弘法，两者是相辅相成，相依相待的。所以，不论出家，在家，都要负起弘法的责任，承担护法的家业。我们应该如何护法？如何对佛教有一片关心、一片热忱呢？

（一）发心护持是护教之忱

有佛陀讲说佛法，也要有弟子结集整理，后世才有经典可以流传。有人出家修行弘法，也要有人发心供养和护持。原始佛教时期，给孤独长者和祇陀太子，建造祇树给孤独园，供养佛陀和弟子们弘法的身心。迦兰陀长者奉献竹林，由频婆娑罗王建造寺庙，成为竹园精舍，也是供给佛陀和佛弟子生活所居，及说法教化的道场。佛灭度后，大护法阿育王为佛教建寺塔庙、石柱、碑文无数，更派遣大批传教师，分赴各地弘传佛法。其中的摩哂陀，就是到现在的锡兰弘法。

泰国、锡兰成为佛教国家，佛教徒有自己的佛诞日，都是信众护持的结果。佛教推动的事业，都是有益于社会、大众的，唯有每一个人发心护持，有钱出钱，有力出力，有智慧贡献智慧，佛法才能流传。

（二）不畏权势是护教之忱

护持佛法，要有不畏权势的卫教之心。

唐太宗一世雄主，崇奉李耳道教，一改历朝"佛先道后"的地位，斋僧设筵时，把道士列在僧伽的前面。智实大师不仅上表抗议，奉诏赴宴时也坚不就座，为了护持僧团的崇高地位，受杖责于朝廷，又被流放边疆。有人讥笑他不自量力："真是不识时务，自取其辱！"

智实大师回答："我这样做，是要让后世知道，大唐朝还有不受辱的佛教尊严！还有不怕死的护法僧！"

当初我在宜兰成立佛教歌咏队，提倡佛教音乐时，台北有个居士很惊慌，认为是末法时代的歪风，会毁灭佛教，于是派人暗杀我。

有人劝我停止，不要得罪权贵，我不肯，回答说："就算杀了我，我也要提倡佛教歌咏！"

如果当时没有歌咏队，佛光山慈惠法师恐怕就不会出家，今天佛门龙象中，也就不会有像慈惠法师等这许多那么优秀、有担当的人才了。

（三）欢喜赞叹是护教之忱

"若要佛法兴，只有僧赞僧"，僧团和谐，僧团相赞，是佛教复兴的力量。只要是有利于众生，有助兴教的，我们都要有随喜赞叹的心：某某法师很会讲经，很好，赞美他；某某法师建了很多医院，慈济众生，太好了，赞叹他；某某法师致力僧伽教育，培养佛门龙象，好极了，礼赞他。

台湾的昭慧法师，曾经为了"思凡事件"，准备走上街头抗议，我特别从美国致电给她，表示绝对的支持。一个法师为了护教卫法，义无反顾走上街头抗争，实在是很了不起的。

在教团中，常常彼此批评攻讦。佛陀降服了魔王波旬，魔王波旬还不死心，狞笑着对佛陀说："我要穿你的袈裟，做你的弟子，来破坏你的僧团！"

佛陀为僧团的前途忧伤，流下了泪来。"狮子身上虫，还食狮子肉"，现代的僧伽和僧团，应该好好团结，互相支持协助，大家共济同襄，彼此欢喜赞叹，佛教才有光明灿烂的未来。

（四）服务奉献是护教之忱

佛光人的信条是："给人信心，给人欢喜，给人希望，给人方便。"

这四种信条，都是"给人服务"。所谓"欲为诸佛龙象，先做众生马牛"，没有服务的性格，如何能成为佛门龙象？没有广结善缘，又如何具足福德因缘？"千处祈求千处应，苦海常作渡人舟"，观世音不是有求必应，处处为苦难众生服务吗？

禅宗的马祖道一和百丈怀海两位高僧，各以洞察先机的睿智，因应中国文化与时代背景，一创丛林，一立清规，改变僧侣的生活方式，建立了自食其力、安心办道的僧团，这也是护教卫法啊！

兰阳仁爱之家的依融、绍觉法师，在老人群中服务了 30 多年了，替老人洗脚、净身、侍病、洒扫，不嫌肮脏，没有怨叹，没有苦恼，这种服务奉献，也是佛教的一种形象与卫教的表征。身为佛弟子，当常自省：有没有发心护持？有没有不畏权势？有没有欢喜赞叹？有没有服务奉献？有没有护教的热忱？佛教两多年来的慧命，不就是多少高僧大德经年累月护法，才绵衍薪传的吗？身为佛教的僧伽，更应有护持佛教的热忱，才能庄严光大佛教！

八、有容人之量

古人说："有容乃大"，"容人之量"就是人的心量。我们的心，要像泰山、大海一样，无所不包容，无所不接纳，才可以大到无边无际。佛法常讲"万法唯心"，世界是我心里的世界，众生是我心中的众生。既然是"三界唯心"，我们的心量能包容多少，我们就能拥有多少；我们心中容得下天，容得下地，我们就拥有天，拥有地，乃至扩大到无边无际的"心包太虚，量周沙界"。可惜的是：我们凡人的心量，有时候竟比眼睛还敏感，一粒沙都不能见容，还谈什么上容天，下容地呢？

有些学佛的人心胸狭窄，容不下家人，容不下亲戚朋友，有时候连师兄弟也不能宽容。不能包容大众，又怎能"心怀众生，胸怀宇宙"呢？什么是"容人之量"？

（一）包容是容人之量

学佛的人，顺境的好因好缘能接受，逆境的逆增上缘也能增益道行。我们的教主释迦牟尼佛，虽然三番两次遭受提婆达多的诽谤、中伤、迫害，却从来没有恨过他，反而赞叹说："提婆达多是我的善知识和逆增上缘，他屡次费尽心机忤逆我，却能令我道念增上。"没有罪恶，哪有善美？没有黑暗，哪有光明？没有恶毒，哪里有慈悲？没有提婆达多，哪里会有佛陀？因此，我们在生活中被人欺负、陷害，不要难过，不要气忿，真正输赢的关键，要看你道行如何。你能包容他，你就比他伟大。

如同《四十二章经》所说："恶人害贤者，犹仰天而唾，唾不至天，还从己堕。逆风扬尘，尘不至彼，还坌己身。"用恶言语骂人，恶因种恶果，灾祸还是归于自己。再多的诽谤、陷害，都打不倒有包容心的人，只怕你不能包容。

（二）忍耐是容人之量

忍耐，是遇到困苦、灾难时的耐烦力、自制力。有时不是自己脾气好，而是没有让你生气的因缘。

西藏密勒日巴尊者，年轻时持习咒术，造了一些罪业，后来悔改知错，不远千里皈依马尔巴上师学道。上师因为他的根习未净，为拔除他往昔所造罪业，再三应机度化，在生活里锤炼他忍辱的心性。密勒日巴做任何事情，都受到上师无情的喝斥、咒骂：要他建房子，拆了又建，建了又拆，如是数十回，终于激发了他的大忍耐、大精进，修得无上正法。

所以，在生活中，人我不如意要忍耐，事情不顺意要忍耐，人大我小也要忍耐，利、衰、毁、誉、称、讥、苦、乐，更是我们学佛者忍耐的目标。

（三）平等是容人之量

众生都有佛性，人人都能成佛。佛陀说："我是大众中的一个"。佛是成佛的凡夫，凡夫是未证道的佛。我们如果平等视众生，又有什么众生不能包容？

《金刚经》说："灭度一切众生已，而无有一众生实灭度者……若菩萨有我相、人相、众生相、寿者相，则非菩萨"。真正行菩萨道的人，对于一切众生，不能有分别心，要以平等心去度化。

要以平等心对待一切人事，你我是一如，自他是平等，自然能去除贡高我慢心，又有什么事不能包容呢？有平等心的容人之量，自然会受到尊重，获得帮助。

（四）吃亏是容人之量

人与人之间，常常争自己的好，争自己的大，希望拥有和快乐，所以彼此之间，常常不能和谐容忍，这是千百年功利心态的"所知障"。吃点亏，会获得意想不到的法喜；吃亏，就是容人之量。如何奉行吃亏原则呢？

你好我坏：不小心把杯子打破了，我们都会责怪人家，指责对方不小心。如果我打破杯子，马上道歉："对不起！对不起！我太不小心了！"你也立刻引咎自责："不怪你！不怪你！我不该把杯子放在那儿！"每个人不互相攻击指摘，人人认为自己错、自己坏，自然就和谐无争了。

你大我小：人都有优越感，希望自己比别人伟大、高强，当然会有争执。如果人人"让你伟大，我来渺小"，自然能化戾气为祥和。其实，渺小者又岂真渺小？反而是"能容为大"、"能忍为大"。

你有我无：有是有限、有量，无才是无限、无尽。拥有的人生是有穷、有尽的，享有的人生则无限宽广。我们不要从事相上去贪求，应从佛法、精神内涵上去追求。

你乐我苦：一般人总是好逸恶劳，只求一己之乐，不顾他人苦楚，这是世间争执的根源。我们要把欢喜给别人，把希望给别人。别人快乐了，我们也感染快乐。先天下忧，后天下乐，才是修行人的大气度。

有容人的无限心量，就是一种禅。永嘉玄觉禅师有一首歌：

行亦禅，坐亦禅，语默动静体安然；

纵遇刀锋常坦坦，假饶毒药也闲闲。

刀锋毒药，都伤害不了宽容、包涵的心胸。修行人不怕没有容人之量，只怕不肯包容，不肯忍耐，不肯平等，不肯吃亏。没有容人之量，怎能算是佛弟子？

九、有忍辱之力

忍辱，忍受侮辱，含有宽容、耐性、坚毅的意思，是大乘佛法六度中的一种，即忍辱波罗蜜。忍辱波罗蜜，除了有忍辱、忍让、耐力、坚毅、宽恕等意义，还有一种特殊的含意，就是"充分的认识"或"认可"。菩萨行者，从最初的生忍到证无生法忍，必须充分认识法性，才能践行真正的忍辱波罗蜜。

经典里说：一个人持戒的功德、布施的功德，都不及忍辱的功德。释迦牟尼佛"三祇修福慧，百劫修相好"，相好的福报，都是由"忍"而来的。过去长老大德们的成就也都因为能"忍"。慈航菩萨告诉我：他能那么有福相，是因为能忍受他人的污辱。发了菩提心的人，要成就菩提，利乐众生，就必须制服难忍的瞋烦恼，升华自己的佛性。三业中，口业最难忍。有人口上隐忍不讲，心中仍计较、怀恨，会说："我心中在滴血！"忍，不止忍于口，更要忍于心，这才是真正的"忍"。佛陀曾说："一个修道人，不能忍受侮辱、毁谤、辱骂如饮甘露，不名修道人。"

"忍"这个字，上面是刃，下面是心，像一把刀刃插在心中，是很痛苦而不易做到。有的人能够忍苦耐劳，但不能忍受侮辱诬蔑；有的人能够忍气耐劳，但不能忍苦耐烦；有的人对环境能逆来顺受，受伤害也不肯报复，但心中怨恨的种子却在潜意识里酝酿，移形变性。佛经说：

> 佛前多劫兴供养，所积广大之福德，
>
> 一念瞋心才兴起，尽焚彼福成灰烬。

这首箴言，有很大的警惕作用。如何才能有忍辱之力？

（一）思维是忍辱之力

忍辱，不容易，需要正心、正思维，来加强我们忍辱之堪忍性。

受到伤害时，要想到：

1. 那些伤害我的人，他是不由自主的，是被环境、烦恼所指使，才会如此。要对他起悲悯心，不起怨恨或报复之心。

2. 我现在受伤害，可能是过去世自己作恶的果报；我若报复，则冤冤相报永无休止，唯有彻底宽恕，以德报怨，才能解脱恶缘。

3. 我能忍辱，则能动心忍性，增益所不能，加强修道的能力，成就菩萨的庄严。

4. 思维一切法，皆须臾变灭，苦、乐、怨、爱也是昙花暂现，如梦、幻、泡、影，无有实体。对于空虚假相，何必起瞋忿之念呢？

5. 我为一切众生发菩提心，誓作利益救护，摄受一切有情。只应利于众生，何能怨害众生？

有一次，罗睺罗跟随舍利弗去托钵，路上遇到恶少年，把沙石倒进舍利弗的钵中，又用棍棒殴打罗睺罗，一面挥棒一面挑衅："你们沙门口口声声讲忍辱，行慈悲，我打破你的头，你忍辱慈悲给我看！叫呀！叫呀！"罗睺罗被打得血流满面，衣襟都染红了。他没有回手，只是默默走到水边，掬起清水洗去斑斑血迹，这样忍辱包容的力量，折服了恶少的骄蛮，从此敬重出家人。

（二）耐苦是忍辱之力

在一般环境中，忍饥忍饿、忍冷忍热、忍苦忍乐，都比较容易。经典中，所描述修行人的耐苦，十分感人，这些苦行就不是普通人能忍受的。如：

1. 威仪处苦：出家人须保持一定的威仪，行、住、坐、卧、斋食都有一定的规矩。例如坐时不能跷腿、颤腿，走路不能左顾右盼、大声哗笑，连平时胁着床座也不可以，这是一种苦行。

2. 摄法处苦：修行佛法，有时勇猛精进不能得，有时寻师不遇，有时遇而不传，有时资粮匮乏，有时说法而人不信受，这些求法、修法、说法的痛苦，也鲜为人知。

3. 利他处苦：利于众生时，有时会受到误解、妒忌、诽谤，以及种种烦扰身心的纠纷，这都是逆增上缘，要以慈悲、容忍去利他，坚毅地克服逆障。

4. 修持处苦：因修持善法、弘法时，身心发生的疲劳现象，菩萨皆应忍受克服。一个出家人，纵然生病、痛苦，只要站在信徒面前，就必须精神奕奕；信徒要求开示，就得给他欢喜，连吃饭、如厕都要延后，一切先人后己，凡事需要忍耐。

修行人要有忍辱之力，就要耐苦，要忍耐世俗变幻无常的苦恼，追求生命真实永恒的净土。《景德传灯录》云："直须密契心心地，休苦劳生睡梦中。"世间诸苦算什么？不都是泡沫云烟吗？忍它一时又何难！

（三）坚毅是忍辱之力

梅花在寒冬里坚毅苗放，才有盈天地的扑鼻香；石灰经过千锤百炼、烈火焚烧，才留得清白在人间；释迦牟尼佛如果没有坚毅的耐力，如何能降魔而证道？玄奘大师"宁向西天一步死，不回东土一步生"的愿力，使他屡仆屡起渡过八百里流沙，成就了一代佛法。鉴真大师以 70 岁高龄之身弘传戒法，远渡日本 7 次受阻，双眼尽瞎，仍然不惜性命赴日本传戒，绍隆佛法。这些都是靠坚毅忍耐之力，方能成就。

　　坚忍，就是力量。《维摩经》说："一切烦恼，为如来种。譬如不下巨海，不能得无价珠宝，如是不入烦恼大海，则不能得一切智宝。"在人生的烦恼大海里，佛法是救生筏，坚毅忍辱是泅越苦海，登上如来舟筏的力量。

　　有名的浮山法远禅师，一生得力之处，就是坚忍求法。他和天衣义怀等八人，在寒冬凛冽的气候下，千里跋涉，向归省禅师求法，走了几天几夜，磨穿了鞋，冻伤了脚，想不到一见面就被呵骂驱逐。八个人累得瘫痪地上，不肯走，归省禅师提了桶水来，兜头一泼，把八人的衣褥都泼湿了。寒风如刀，湿衣贴在身上结了冰，八人冻得牙关发抖，痛苦难当，六个人愤恨离去，唯有法远与义怀整衣敷具，长跪祈请不退。归省禅师将手中禅杖一顿，厉声喝斥："还不走，难道要我棍棒打走？"

　　法远禅师浑身寒颤，咬紧了牙恳求："千……千里……参学……不是一勺水能泼走的。您……就是用棍棒打……我们也不离去。"

　　归省禅师点点头，伸手把他们扶起来："好！真正有心参禅，可以留下来了！"

　　在横逆挫折中，不动如山，就是一种力量。

（四）宽恕是忍辱之力

　　经典上说："怀怒难入菩提道，故应修恕及慈悲；大觉不由别处寻，惟依忍耐能获致。"心怀愤怒的人，怨毒钻入身心，像中了毒箭一样，会感到种种精神焦虑和烦恼，难以进入菩提道。只有勤修慈悲及宽恕，才能在忍辱中获得正觉，获得智慧。佛陀是"容忍的大海"，能忍受一切伤害他、侮辱他的人，宽恕一切诽谤他、诬蔑他的人。佛陀在大众前，在过去现在未来的任何时间，任何地方，永远容忍、宽恕伤害他的人，毫无报复、怨恨的意念。

提婆菩萨学识渊博，才辩敏捷，降服了很多外道，让他们剃除鬓发，皈投佛门成为释子。有一个外道弟子，看见自己的师父被提婆降服，改信佛教，就发恶誓要杀害提婆。有一天，趁提婆独自一人在菩提树下禅坐经行，悄悄持刀向尊者靠近，恶狠狠地一刀刺向尊者胸腹，狂笑着说："哈哈！你以利口破我师父，我就以锐刀破你胸腹；你以佛法的空刀挫败我，我就用锋利的锐刀杀害你，看看谁的威力大！"

提婆五脏坠地，气绝如丝，掩着满胸鲜血，提起最后的真气，气喘吁吁地慈悲嘱咐："快！快逃！禅座上有三衣一钵，你快拿去，逃往深山，不要回来。我的弟子中，尚未证得无生法忍的，会怀恨你杀害我，把你治罪，你赶快逃命吧！"

外道弟子听了，惭愧得无地自容，匆匆抓起衣钵，向提婆顶礼三拜逃去。弟子们闻风赶来，看见师父被刺杀的惨状，忍不住惊恐号泣，捶胸顿足，要捉拿凶手治罪。提婆菩萨喝止他们："诸法实相，本无怨亲，本无贼害。他加害的是因果业报，不能损我一丝一毫。你们不要妄起愚痴，以狂追狂，以瞋止瞋，冤冤相报，何时了尽？"

提婆菩萨以身殉道，以宽恕的心胸慈悯一切众生，这是我们要学习的忍辱之力！

十、有菩提之愿

《劝发菩提心文》说："入道之门，发心为首；修行急务，立愿居先；愿立则众生可度，心发则佛道堪成。"为什么诸佛菩萨能成佛做菩萨？就是依愿力而成。学佛的人，不发菩提心，不立大誓愿，纵然修行累劫累世，依然会在天道中轮回。所以《华严经》说："忘失菩提心，修各种善法，是名魔业。"我们学菩萨道，就是要发大誓愿。

释迦牟尼佛有"若不成佛，誓不起座"的大愿，阿弥陀佛发四十八愿，药师佛有十二大愿。四大菩萨中，观音菩萨十二大愿，普贤菩萨十大愿，文殊菩萨也是十二大愿，地藏菩萨"地狱不空，誓不成佛；众生度尽，方证菩提"的大愿更是震撼人心；这些都是诸佛菩萨成就佛道的悲愿。汐止的慈航菩萨，肉身至今不坏，也是他的愿力效应；因为过去有人想借用他的道场，供养青年僧伽住宿，感发他立肉身不坏之愿，来成就这些青年僧伽。

现在佛教徒最缺乏的就是"菩提之愿"。如果佛教徒每天都决心"我愿努力护法，我愿常修忍辱，我要戒去贪瞋痴，我发愿……"佛教必定很有力量，社会净化工作也会做得很好。我们天天"自皈依佛，当愿众生……"的三皈依三愿，就是发愿。现代人的发愿是敢唱不敢做，能说不能行，比方说：四弘誓愿（众生无边誓愿度，烦恼无尽誓愿断，法门无量誓愿学，佛道无上誓愿成），唱得很庄严，很慈悲，可是真正受持、实践的有几人？什么是菩提之愿？

（一）四弘誓愿是菩提之愿

四弘誓愿，是修学菩萨道者的通愿。也是菩萨道的根本。

菩萨，就是成全圆满一切。有一众生未度，他不放弃；有一分别心未除，不算菩提。《华严经》云："大海之水可饮尽，刹尘心念可数知，虚空有量风可系，无能说尽佛境界。"菩萨境界高广深远，我只能简略说明：

"众生无边誓愿度"：人间有情、无情的众生要度，自己内心贪瞋、烦恼的众生也要度。

"烦恼无尽誓愿断"：贪求世俗欲乐的烦恼要断，好名闻利养的欲心要除，喜欢怨骂批评的习气要改，一切惭耻不安的罪业不要造作。

"法门无量誓愿学"：八万四千法门，门门可以入道，要广学、博学。

"佛道无上誓愿成"：众生度尽，我愿方尽；菩提道成，我愿方成。要发这种大心，才是真正发菩提心。

透过四弘誓愿，个人可依自己的性向、职业、环境，与自己的愿心相应，与佛法相应，与慈悲相应，与智慧相应。例如自己有贪吃、挑食的坏习惯，依弘愿日渐消除；自己有偷懒懈怠的习气，依弘愿矫正求精进；自己是医生，依愿力帮助众生解脱痛苦，以医道慈悲济世，不就是现代的药师如来吗？

（二）悲智愿行是菩提之愿

佛教的四大精神"悲、智、愿、行"，以观音、文殊、地藏、普贤四大菩萨为代表。每一精神中，也涵盖了其他三种精神，像地藏菩萨怜悯地狱众生的煎熬，发下"地狱不空，誓不成佛"的悲心，这种大愿就包含大悲、大智、大行的精神。

我们可以依照自己的性向，学习他们的精神：我生性慈悲，就学观音的精神，给人慈悲的微笑，给人慈悲的语言，给人慈悲帮助的手。

也可以学普贤菩萨的十大愿：

1. 虔诚礼敬诸佛，养成对众生人格的尊重。

2. 时时称赞如来，作语言的布施。

3. 随心随力供养，广结善缘。

4. 时时忏悔业障，在生活上自我反省。

5. 常常随喜功德，达到心意的净化。

6. 多请法师开示，传播佛陀真理。

7. 供养僧伽，崇敬礼遇，以效法圣贤。

8. 常随佛学，以增进智慧。

9. 恒顺众生，重视民主、民意。

10. 普皆回向，祈望世界和平。

也可以学习文殊菩萨的精神，广修智慧利益人天。只要你发菩提之心，实践"悲、智、愿、行"四大菩萨精神，人生就会清净圆满。

（三）六度万行是菩提之愿

六度波罗蜜，是行菩萨道者必须修持的法门。佛陀在往昔修菩萨行时，就常于畜生道中，广学六度法门。如何依六度行菩提大愿呢？

1. 以布施来度化人群：布施是给予，把自己的所有给那些需要的人。我们可以布施钱财；可以布施佛法的道理和修行的方法，来利于他人；可以布施无畏的精神，去保护他人。舍利弗曾以神通眼作布施；佛陀在过去世时，曾为一句真理，而以身布施；亦曾听闻《法华经》而舍弃王位、妻儿，以身侍奉阿私仙人。这些都是布施的典范。

2. 以持戒来节欲守法：社会上有许多人犯法，都是因为他们犯了五戒，伤害别人的生命、财产、贞节、名誉、身体。如果人人持戒守法，社会就会安和乐利；自己持戒守法，也推己及人守法节欲，这也是行菩萨道。

3. 以忍辱来修持己行：有忍辱心的人，就有修持。能忍不平，才能与人和平相处；能忍一时意气，才会海阔天空，能忍无情的辱骂、诽谤，才能成就一切功德。

4. 以精进来降伏魔怨：有精进心，必能成就道业；有精进心，必能获得正法；有精进心，必能去除烦恼；有精进心，才能担负一切。菩提大道也唯有精进，才能长驱直入无挂碍。

5. 以禅定来安住身心：禅定，是菩萨度化众生的原动力。有定才能生慧，有慧才能破除烦恼魔。禅定境界"微、密、深、妙"，有世俗难以窥知，语言不易诠释的轻安法乐。禅定，能安住我们的身心，证入自在无碍的境地。

6. 以般若来启发愚蒙：般若智慧，是大乘佛法的精华命脉，也可说是大乘佛法的主体。般若智慧，使我们由迷转悟；般若智慧，使我们由痛苦的此岸渡到彼岸；般若智慧，让我们断除三界生死；般若智慧，也让我们与诸佛菩萨同在。

修持菩萨道，要以六度波罗蜜，作为渡过生死苦海的筏，它也是我们的菩提之愿。

（四）发心精进是菩提之愿

我们虽然没有高僧大德的大悲大愿，但可以广发小愿汇集成大愿，来成就佛道。例如：

发愿典座一星期，行堂一个月，柴头一年，库头二年……

发愿每天念佛一万声，礼佛一千次，诵经几十遍……

发心打扫厕所，替大众扫地、拭窗……

发愿每天说十句好话，每天与人结十个善缘，给人十个欢喜，救度十个愁苦人……

……

只要肯发愿，真实践履，无事不能胜任。《劝发菩提心文》云："勿谓虚愿无益，心真则事实，愿广则行深。虚空非大，心王为大；金刚非坚，愿力最坚。"

凭着坚强的愿力，由小及大，日积月累，所有的苦难都可以纾解，可以精进成就菩提。

有一次，佛陀讲经时，阿那律尊者打瞌睡，佛陀警示他："咄咄汝好睡，螺蛳蚌蛤内，一睡一千年，不闻佛名字。"

佛陀问他："出家，所为何事？"

阿那律羞愧不已，立刻跪地忏悔，发愿尽形寿不再睡眠。阿那律发愿之后，朝夕精进不懈，竟使眼睛瞎了。佛陀怜悯他，教他修习金刚照明三昧，阿那律因此证得天眼通。这固然是佛陀慈悲威力的加被，也是阿那律发坚定愿力，精进修行才成就自己的。

有一首偈语，劝人广发菩提愿，我特别收录在佛光协会的十二礼拜法中：

我今发心，不为自求，人天福报、声闻缘觉，乃至权乘

诸位菩萨，唯依最上乘，发菩提心，愿与法界众生，一心同

得阿耨多罗三藐三菩提。

我们发菩提心，不为自己，不要人天福报，不要声闻缘觉菩萨，我只要依最上乘佛法发心，愿与天下苦难众生同生死，同得阿耨多罗三藐三菩提。这不仅是佛光人的理想，也是大众学佛修道的目标。

无论出家或在家，如果能具备以上十有思想，且将之融合、注入自己的身心里，相信定能现生平安吉祥，并进一步证悟人生的生死涅槃。

1991 年 8 月 7 日讲于佛光山

青年之病

去除毛病的方法，就是把"不"改为"要"，
即："要耐烦"、"要落实"、"要回头"、"要认错"、
"要着意"、"要发愿"、"要行慈"、"要求深"，
以佛法的镜子来端正举止，
以佛法做导师，引导我们走向正确的方向。

俗语说："人吃五谷杂粮，哪有不生病的！"其实，人生岂止是身体上的毛病？维摩诘居士说："因为众生生病，所以我也生病。"众生究竟害了什么病？时下的佛教青年又有哪些毛病？以下分为八点来探讨"青年之病"。

一、不耐烦而无恒

一般青年，待在一个地方太久就不耐烦、读书读太久就不耐烦，工作时间太久也不耐烦，不耐烦几乎已成为今日青年普遍的通病。现在的青年缺乏古人安止于一处的定力，身心浮动，好比滚动的石头，是无法长出苔藓，成为坚固不移的盘石。

社会的公司行号在面试求职者时，必定会问："你曾在哪些地方服务？"有的人回答："我曾在某地方工作半年，在某地有三个月的经验，然后才到贵公司来应征。"这样的人，往往不会被录取。常

换工作，并不代表工作经验丰富，反而暴露出这个人对工作不耐烦、无恒心的毛病，不能安于自己的工作岗位，公司自然不能将业务交托给一个对工作没耐性的人。不耐烦对从事工作是很大的阻碍。

不耐烦属于什么毛病呢？就是"无恒病"。无论做什么事，没有恒心，休想把事情做好，求学也不易有成。古人为了能功成名就，十年寒窗下功夫，汉朝董仲舒年轻时，立志向学，三年不窥园，终于成为一代名儒学者；晋朝王羲之，临池磨砚，写完一缸水，终于成为旷古书法大家。

佛教里因有恒而成功的例子，更是不胜枚举。譬如有名的敦煌石刻，历经多少朝代及成千上万的艺术家，穷尽一生的智慧与生命，而完成惊天地、泣鬼神的奇伟杰作，其技巧之精美，真是巧夺天工、无与伦比。如果没有这些艺术家的耐烦雕刻，今日哪有这么伟大的艺术品流传后世？有恒对于成功立业，实在是太重要了。

有一位年轻貌美的信女，感念病重的母亲靠观音菩萨加被而痊愈，因此发愿要用头发绣一尊二丈高的观音圣像。这位信女把她的头发，每一根劈成四条，以游丝般的发丝绣菩萨圣像。从年轻貌美的小姐，一直绣到老态龙钟的老太婆，经过了 60 年，终于绣好一幅神态庄严、面相慈祥的观音圣像，为人间留下不朽的价值。虽然信女的眼睛最后也因此瞎了，但是菩萨的慈眼却常照视着人间。她为母恩而牺牲的精神令人钦佩，而她的耐烦有恒，更非常人所能及。青年人平时应常常检视自己：读书耐烦吗？工作耐烦吗？修行耐烦吗？唐朝道宣律师是有名的南山律宗祖师，他听一部戒律尚且反复千次。台北有位佛法造诣深厚的法师，他听《百法明门论》，听了 14 次还要再听，难道他们不够聪明利根吗？因为耐烦有恒，读书才能通晓；耐烦有恒，做人才能通达；耐烦有恒，修行才能成就，所以说"耐烦做事好商量"。如果不耐烦、没有恒心，即使掘井九仞，不再继续，最后还是功亏一篑，仍然没有水喝，所以"不耐烦而无恒"是青年非常不好的毛病，务必要改正。

二、不落实而幻想

青年往往充满热情不够冷静，容易冲动不够踏实，普遍流于虚浮不切实际。不落实，仿佛是地基不够巩固的房屋，稍微地震就倒塌；又好比堆砌石壁，工程不够坚固，大水来了就崩垮。青年最可贵的地方是富有理想，但是有理想更要脚踏实地去力行，否则建筑在海市蜃楼的理想，就变成幻想了。俗话说："万丈高楼平地起。"摩天大厦也要从基层慢慢建起，空中楼阁是不能成为事实的。

《百喻经》中有一则寓意良深的三层楼故事：有位富翁前往参观朋友刚落成的三层楼住屋，他非常喜爱装潢得美轮美奂的第三层楼，于是把设计这栋大楼的建筑师请回去，要求建一栋一模一样的高楼，可是只要建筑第三层楼，一层楼、二楼层都不要。这位富翁愚痴的行为，固然可笑，但我们也往往犯此毛病而不自知！为学做事如果不落实，就像前面所说的没有地基的三层楼一样，到头来，一切空幻，什么也不能成为事实。

青年会有不切实际的毛病，是因为青年喜好幻想。本来喜欢幻想并不是坏事，人类的许多文明产物，不少是出自人们的幻想，再经由科学家缜密的计划及实验操作，幻想终于成为事实。譬如过去人类看到鸟飞，幻想自己也能像小鸟一样在天空飞翔，于是科学家努力地创造发明，今天人类也能乘着飞机，穿梭于白云之中，鸟瞰火柴盒似的屋舍，豆腐块般的田畦。在古代，想攀登月球是幻想，但是今天，人类已能乘着宇宙飞船，轻易地在月球表面漫步，这些都是因幻想而成功的例子。

幻想往往是推动人类文明进步的动力，有幻想比没有幻想好，但是如果仅有幻想而不能踏踏实实地去实践，幻想就是空想、梦想。所以青年有了幻想，接着就应该订出一套完整的计划，然后身体力行，实际去做，幻想才会成为理想。因此，有幻想虽然很好，有幻想而又能落实则更重要。

时下佛教青年有些什么幻想？有些青年说："我将来要办佛教大学、办佛教医院。"也有些青年说："我将来要建图书馆、建讲堂。"满腔的抱负理想，可是没有踏实去做。甚至别人兴建好的医院、图书馆、讲堂，请其协助管理，也往往缺乏热忱，推托不前。即使有人愿把讲堂，以及沙发、中央空调、隔音门窗等一流设备，送给想建讲堂的青年，恐怕也没人敢承担，因为有许多问题不易克服，例如不会招呼信徒、讲经者难请，再加上本身佛学基础不够深厚，自己不能上台演讲，所以讲堂也只好不办。这都是因为缺乏踏实的功夫，一切美丽远大的理想，只好成为泡影。

因此，有了理想之后，要订出一套严密的计划，以踏踏实实、稳扎稳打的态度，充实自己，实现理想。青年要以脚踏实地的功夫去医治幻想的毛病，坐而言不如起而行，多做少说，才是求学办道的要诀。

三、不回头而任性

青年像初升的太阳，充满朝气，富有冲劲，但是青年有一个通病，就是只知一味向前冲、向前撞，错了或走上歧途，也不知回头，即使前面是墙壁也不管，撞得鼻青眼肿也不知停止。有人劝他："这样不行"、"那样不好"，可是青年就是不愿回头，理由是"好马不吃回头草"，以为回头很没有光彩，所以一意孤行，任性到底。

一般人常认为，人生必须向前进取，退后的人生是失败的。但是在佛教里，向前的人生是半个世界，退后的人生也是半个世界；向前的世界是窄门，向后的世界更宽广。例如农民插秧，一步步后退，把秧苗一株株插下去，退到最后，就把全部的田亩插满绿油油的秧苗，由于农民懂得退后，以退为进，因此才能有丰硕的收成，所以禅师说："退步原来是向前。"

人生也像插秧一样，要懂得退步回头，知道退步回头的人生才会圆满。好比骑马走到悬崖峭壁，如果不知道勒紧缰绳，回头是岸，必定会跌得粉身碎骨。知道回头的人生才有药可救，知道回头的人生是至珍至贵的，"浪子回头金不换"，回头的浪子，大家仍然伸着双手欢迎他，因为浪子能在失败中记取教训，卷土重来；过去的失败，是未来言行的借鉴，是推动成功的力量，所以失败对他而言不是羞耻，而是一种考验。

人生之路好像月球的表面，崎岖不平，坎坷难行，什么人不曾跌倒过？跌倒并不可耻，不知道爬起来才是可悲，所以青年对失败应采取的态度是：记取失败的教训，培养回头的勇气，转失败为成功。

古人比喻一个人执迷不悟、不知回头时说："不到黄河心不死"、"不见棺材不落泪"。古时的人到了黄河能够死心，看到棺材知道落泪。现在的青年，即使到了黄河也不死心，见到棺材还是不落泪，这便是顽强任性，顽强不讲道理，任性不听劝告。

在求知过程中，谁敢保证不曾说错话、下错判断？有的青年会说："话我已经说了，我一定要这样去实践！""这件事我已经决定了，我一定要这样去完成！"即使错了，他也会以"君子一言既出，驷马难追"为理由，坚持己见，蛮干下去。平时我们常说"君子重承诺"，说出来的话必须兑现，但是守信更要重实，重实就要讲理，讲出来的话不合理就要改，做错事就要即时回头。人生应该是苦干、肯干，而不是蛮干。不合理而固执蛮干，只有一错再错，离正道更远。开车时遇到红灯要刹车，不知刹车横冲直撞，一定会发生车祸。在我们的人生路途中，遇到红灯，也必须停车，左右观看，必要的时候，更要回头是岸。

顽强任性、不知道回头的毛病要用什么药来治疗呢？要用佛法的随缘、随喜、随众来医治。泯除个人的意见，随顺大众，以大众利益为前提，对善知识的指示，要能依教奉行，好比上了轨道的火车，才能跑得迅速，顺利到达目的地。

四、不认错而执着

常人最大的毛病莫过于不肯认错，对于自己的过错，不仅没有勇气承认，并且固执不肯认错。譬如吩咐的事情没有做好，就推说"别人没讲清楚"或"时间不够充分，来不及完成"；打破了碗，不检讨自己不小心，却怪"地板太滑了"、"碗不结实"，都是别人不好，东西不好，自己永远是对的。

古人说："人非圣贤，孰能无过，过而能改，善莫大焉！"我们不像佛陀，已经自觉觉他、德行圆满无瑕。我们每个人都有缺点，但是有了缺点，不肯承认、不肯认错，就无法改正，如何能够进步呢？平时我们穿衣戴帽，衣冠不整，照镜子就能重新穿戴整齐，仪表堂堂。我们有了过失，接受别人的指正，也能够如无瑕的白璧一般，人格高洁。所以青年凡是肯认错的，进步就快速，不肯认错的，进步就缓慢。

青年为什么不肯认错呢？那是由于我执作祟，执着自己最好、最对，犯了"执着病"。一般人总是"看得见别人身后的影子，却看不见自己身后的影子"，对别人的缺点了如指掌，对自己的弊病却执着护短。譬如不守校规被处分，反而怨恨学校太过严格；不按时交作业被登记，怪老师没有再三提醒。写周记，本来是检讨自己一周的功过得失，却变成评论别人对错的功过簿，不是责怪学校管教太严、课程繁重，就是抱怨同学不友善等，始终是批评别人、责备别人的不好，而不知道自我检讨、自我批判。

曾子说："吾日三省吾身。"贤德如曾子，每天还不忘再三反省自己，青年们是否也能做到这种功夫？战国时代廉颇将军向蔺相如负荆请罪，为后世立下勇于认错的楷模，以廉颇当时的名望尚肯屈就自己向后辈谢罪，不愧为大勇者，青年们应自省是否也具有这种勇气？

生病了需要找医生，才能去除疾病，获得健康。我们也要当自己的医生，勇于向自己的毛病开刀。医师治病，先要了解病况，才能对症下药；我们对自己的毛病也要清楚了解，例如生活习惯不好要改进、思想偏差要改正、言行不当要改过，否则一个不知道自己毛病的人，如何自我医治呢？我们要从佛法中，去忏悔反省平日言行，放弃执着、努力改过。穿衣戴帽需要镜子，修持也需要明镜，青年们要常行忏悔，从佛法的明镜中，学习严以责己、宽以待人，学习认错不执着，做到古人承认往愆、不犯二过的美德。

五、不着意而无心

佛陀曾说过五种"非人"，其中有一种是"闻善言不着意"。这种人只知执着己见，对于好话却不用心着意，这是害了"无心"的毛病——对于善言漠不关心。例如师长说："要把握少年时光，好好读书！""要惜福、要发愿立志！"青年就在心中嘀咕："老生常谈！""哼！讨厌！"青年对于好话不仅不接受，甚至厌弃，岂不可悲？我们听到金玉良言，应该欢喜，牢牢记住，把它吸收并付诸行动。

我从小到现在，很容易被一句话感动，尤其至理名言，更能深深打动我。我们看事情若只用眼睛、不动脑筋，不用心留意，便会过眼即忘，一片空白。能够为善言所感动，表示这句话已经深深印在脑海，引起共鸣。青年人要多学习用心听话，听好话，闻善言，长养信心，增加善行。

闻善言而着意是长养善心精进的力量。身体有毛病，需要打针、吃药来治疗，我们的精神，也需要善言来滋养。对善言不着意，不用心、不留心，做事得过且过、心不在焉，当然不能成功。譬如有人出家多年，早晚五堂功课还不会背诵。以前有位同学，《楞严咒》背得滚瓜烂熟，因为他花了两个月的时间，每天早课用心聆听，而许多人听了几年还不会，关键就在于用不用心！

"世上无难事，只怕有心人"，有决心去做一件事，没有不成功的。青年要处处留心、时时注意，除了用眼睛，更要用心去观察宇宙万物，细思每一项事情的来龙去脉，如此就能无所不及、无所不成。

六、不立愿而无志

小学的时候大家都写过"我的志愿"。有的人立志做工程师，有的人立志做教育家、医生、飞行员、科学家等。同样的，青年进入佛门，也须发愿立志。射箭的时候，需要鹄的；赛跑的时候，需要目标，人生也需要发愿立志，愿力好比汽车加了燃料，风驰电掣，奔跑迅速，是推动我们到达成功的力量。

古来菩萨在因地修行时，即立下恢宏的大愿，像阿弥陀佛的四十八愿、药师如来的十二大愿、普贤菩萨的十大愿，观音菩萨的十二悲愿……佛菩萨发了愿，好比学生订了功课表，愿力激发了慈悲心，就会产生无比的力量，逐一实现行慈济众的工作。诸佛菩萨当初如果不发愿，好比没有方向的船只，随波逐流，能够成为圣贤吗？有愿力才有力量，青年要以愿心来庄严国土，普济群伦。

许多人对菩萨的四弘誓愿，能琅琅上口地唱诵，但是真的有度无边的众生、断无尽的烦恼、学无量的法门、成无上的佛果吗？

现在的青年常常懒洋洋的，做事提不起干劲，打不起精神，读书没有兴趣。为什么？就是因为没有真正发愿。没有发愿，所以没有力量。譬如有青年发愿要编排毕业特刊，发了愿，如同给自己加上一项责任，好像上了发条的时钟，力量就产生了，于是废寝忘食、绞尽脑汁，要把这本刊物编得尽善尽美，此时心无旁骛，一心一意为实现愿望而努力，最后必然能够如愿以偿。

过去的祖师们在一个地方一住就是 10 年、20 年，即使受到任何磨难，也不轻易离去。为什么？因为他们发了愿、立了志，为了将来能够成为法器，所以甘受一切磨炼。青年也须有这种愿心；没有发愿，就害了"无志病"。佛陀年轻时，看到受苦的众生，就有救济众生脱离苦海的悲愿，玄奘大师在幼年时，他就有光大佛教的志愿。因此，青年要希成圣贤，首先必须先学习发愿。

有人说："佛菩萨的愿心太伟大了，我们达不到。"这是因为不立志的缘故。譬如立志做个好学生，可以发愿：尊敬师长，用功读书。立志要把出家人做好，就应做到：守戒修定、求慧学法、发四无量心、行六波罗蜜，只要有愿力，何患无力完成？《劝发菩提心文》云："入道要门，发心为首；修行急务，立愿为先。愿立则众生可度，心发则佛道堪成。"如何发愿呢？譬如典座时，发愿烹调得很好，让大众享受甘美羹肴；扫地时，发愿打扫清净，让大众拥有清洁的环境。青年要时时发愿，从各种愿心中，培养成佛作祖的功行。

七、不行慈而自私

佛教最注重慈悲精神，可是现代的青年却缺乏慈悲心，做事不与慈悲心相应。看到众生苦难，没有人溺己溺、人饥己饥的切肤之痛；看到佛法衰微，没有复兴佛教、舍我其谁的慨然之志，一切好像都与己无关。不行慈悲之事，不做有意义的善行，可说普遍害了"自私病"。没有慈悲心的知识，只是邪知邪见。

过去的青年充满热诚，有的立志以"弘法利生"为己任，有的愿到养老院和孤儿院服务，把温暖布施给无依无怙的老人小孩。青年有时也会发慈悲口号，可是真正有机会去实践慈悲时，却畏缩胆怯，不敢行动；慈悲不是挂在嘴上说说而已，而是要身体力行、实际去完成的。青年们求佛法、行佛法，如果不行慈悲，要与佛法相应是不可能的。

青年为什么缺乏慈悲行呢？因为自私，只想到自己，没想到别人；只有个人，没有佛教、众生。以"自我"为中心，所以无众无教，因此慈悲兴不起来。从"我"字的构造来分析，"我"旁边为"戈"字，因为自私，人人谋图己利，所以容易动干戈，有我就有纠纷。佛教的三法印之一："诸法无我"，早就揭橥了千古不变的真理，唯有去除自我，才能和平。但是我们佛教徒太自私，没有把自己奉献给佛教及众生的观念，只要是对自己不利之事，即使对大众有利，也往往吝于布施慈悲。

反观基督教，有多少基督教徒在孤儿院、麻风院中度过了一生的岁月。而我们佛教徒，一个微笑，一句好话，有时都不愿意布施给人。佛教本来是"大慈大悲"的宗教，如果佛教中人都自私不行慈，背道而驰，好比缘木求鱼，只有离佛法愈远。所以我们要去除自私的观念，常行慈悲。

八、不求深而肤浅

过去印顺法师曾与我讨论有关青年缺乏养深积厚的问题。我对他说："现在的青年，在佛学院读了几年书，就急着想回去寺庙当住持，没有过去大丛林中求深求厚的精神。"他对我说："过去的人，生活艰难，要成为一位法师，非得经过十年以上的积养不可。现在的人，生活太容易、太富裕，学了几年佛法，马上成为法师，可以收徒弟、掌管寺院、受人供养。过去的佛学院少，要有成就，非得经过一番潜修不可，现在做法师容易，做住持也容易，很少有人愿意花费十年以上的时间来学习。"

现在台湾的佛学院如雨后春笋，而历来毕业的人，更如过江之鲫，但是有几个人是真正有成就的？而愿意花时间求深求精的人更是少之又少。例如几十年前在狮头山闭关六年的会性法师，狮头山元光寺极力邀他担任住持，但他不肯，跑到乡下隐居阅藏，成为当时本省年轻一辈的青年楷模。

现在大部分的青年都太肤浅，不愿求深，所以成不了大器。在高寒地带的树木，成长缓慢，年轮非常密集，所以质地坚硬，是建屋造桥的好材料。青年们若希望未来能有所成就，能出人头地，现在就必须培养这种积极的态度。做学问不比学技术，两三年便可技艺超伦。佛法是人生的学问，是生生世世的大事，不是学了两三年，就能有成就的。菩萨尚有十地精进，更何况我们凡夫？所以青年们学佛法要下功夫，求深求厚，不能操之过急。

以上仅约略举出青年的八项毛病。医生知道病人所患的疾病，并非主要目的，如何使病人百病消除，身体健康，才是最重要的。青年们知道了自己的毛病，接着就要用心改正。去除毛病的方法，就是把"不"改为"要"，即："要耐烦"、"要落实"、"要回头"、"要认错"、"要着意"、"要发愿"、"要行慈"、"要求深"，以佛法的镜子来端正举止，以佛法做导师，引导我们走向正确的方向。身体上的毛病，只要对症下药，便能治疗，而精神上的毛病不容易根治。佛法的八万四千法门，是最好的药方，青年要好好把握这剂良药，自省奋发，使自己成为健康的人。

1977 年 6 月 22 日讲于佛光山

青年的力，菩萨的心

只要你有菩萨心，有创造力，你就是青年；
只要大家肯学习菩萨道，都可以成为青年。

"青年"和"菩萨"虽是两个不同的名词，但实际上意义是一样的。因为所有的菩萨，都是青年；所有的青年都可以成为菩萨。譬如佛教的四大菩萨，观音、地藏、普贤、文殊，每一位菩萨都是没有胡须的青年；释迦牟尼佛经过出家、6年苦行，31岁证悟，成就正等正觉；唐朝玄奘大师，26岁时孤身跋涉，越过沙漠，到达印度求取佛教经典，沿途还记录整理著作《大唐西域记》万余言，至今仍是研究丝路、西域及当时历史、地理的重要参考文献，那也是正值青年的黄金时代。

世间各种人都想表现他的力量。例如年幼的小孩，以哭闹发泄情绪，表现他的力量；妇女以容貌、撒娇来表现她的力量；男人或以权势，或以地位，或以财富为力量；修行人则以道德、忍耐、慈悲来表现他的力量。

青年人也有他的力量。《佛光菜根谭》里有一句话："春天不是

168

季节，而是内心；生命不是躯体，而是心性；老人不是年龄，而是心境；人生不是岁月，而是永恒。"

青年也不是以年龄来论，有的人尽管年龄已经不再是二三十岁，可是他们内心的奉献热忱，比起青年更加热烈，可见得不管年纪有多大，只要你有菩萨心、有创造力，你就是青年；只要大家肯学习菩萨道，都可以成为青年，更何况古人也说"人生七十才开始"。

既是青年，我认为青年人应该要具备四种力量和四种心。

一、青年应该具备的四种力量

（一）青年要有承担的力量

在世间做人，将来能不能成功，就看有没有承担力。我曾建议让现在的青年，年龄到达 20 岁的时候，举行一个弱冠典礼，表示成年了，应具备承担力。还可以举办青年朋友的讲演比赛，让他们宣说自己的理想抱负。从这当中，选拔优秀的模范青年。甚至，让他们经常在佛菩萨、师长、父母、同学面前宣誓："我要孝顺父母；我要尊敬师长；我要尊重朋友；我要广结善缘；我要敬爱父母。我现在是成人了，我要承担许多责任。"必定能增长他们自己内心的力量。因此，青年的力量，第一要先训练自己有承担力。

有人问赵州禅师："禅师！你百年之后要往生到哪一个地方？"若是一般人，大多是回答希望能往生西方极乐世界。但赵州禅师却说："我百年之后会到地狱里去。"

信徒说："你这么有修行、有道德的人，怎么会到地狱里去呢？"

赵州禅师说："假如我不到地狱里面去，将来谁去救你呢？"

当然这是赵州禅师的幽默话，但是从这里可以看出，赵州禅师是位肯承担的人。

好比过去的台湾，有人想要求个一官半职，总会想到北部，而不愿留在东部、南部，因为它的各种条件都不及北部好，因此造成这些地方的建设、未来的前途，没有人肯承担。虽然如此，仍然有许多人愿意留在这许多地方发心奉献。所以，不论在什么地方，只要肯承担、有力量，做什么事都会有成就。

信徒问赵州禅师："请问禅师，我们要怎样参禅，才能悟道啊？"赵州禅师很幽默地站起来说："这个问题，我没有时间回答你，我现在要去小便了。"他起身走了几步路，停下来回头对这位信徒说："你看，像小便这样的小事，都要我自己去。"意思是要怎样开悟，我怎么能帮你的忙呢？

很多问题无法交给别人来替你解决，必须要由自己来担当。禅宗常说"丈夫自有冲天志，不向如来行处行。"

凡事要有"舍我其谁"的担当。譬如做一个家庭的媳妇，要有"这个家庭有成就，非靠我不可"的担当；做一个儿子，要有"这个家庭的光宗耀祖，非靠我不可"的担当；每一个地方的建设，要有"非有我一份力量不可"的想法。社会上的人能有这样的承担力，社会必定能祥和。

白云首端禅师在方会老禅师那里参禅修道，久久不能开悟，方会老禅师很挂念，有一天在路上碰到他，就问："你的师父当初是怎么开悟的，你知道吗？"白云首端答道："我的老师当初开悟的时候，是为了过桥，不小心摔跤跌倒而悟道的。"何以知道呢？"我的老师悟道以后作了一首偈语：'我有明珠一颗，久被尘劳封锁，而今尘尽光生，照破山河万朵。'"

方会和尚听完这首偈语之后，不但没有给予意见，还用不好听的声音，"哼！哼！哈！哈！"就走了。

白云首端内心忐忑，惶恐不安："我哪里说错了吗？老师为什么这样笑我呢？"成天饭也吃不好，觉也睡不下。几天之后，实在忍不住了，鼓起勇气找方会禅师请问："老师！那天我和您说了家师的际遇后，你为什么要用那样的笑声呢？"方会禅师就说了："你这个人实在没有用，这么没有承担力！你看！我们庙前的广场上，那些玩猴子把戏的小丑们，那样卖力地表演，不就是要博得观众的哈哈大笑吗？而你呢？我才笑几声，你就觉睡不好，饭吃不好，好可怜！一点承担力都没有，怎么开悟呢？"

希望各位今后不论做什么事，不要怨怪别人。要自我检讨，我努力不够吗？我慈悲不够吗？我智慧不够吗？一切自我承担，就是菩萨青年的力量。

（二）青年要有辨别的力量

现今社会许多人的价值观，正如胡适之所讲的"差不多先生"，什么事情都是马马虎虎、差不多、得过且过、都可以，这是因为社会大众缺少辨别的力量。如果青年不具备是非观念、轻重权衡的辨别力量，那么将永远游走于正邪之间而不自知。

举例说，佛光山在台中东海大学旁新设立了一座道场，装潢公司送来几张吃饭的桌子。这桌子的材料很普通，价钱也便宜，只是做装潢的人善于包装，他用金纸镶嵌在每张桌子的桌缘，看起来身价就不同了。有少部分的信徒见到，不明所以就批评说："一个寺庙道场，干嘛用这么好的桌子？真是奢侈浪费！"

　　寺院里的法师也说："对啊！我们是道场，使用的物品简单就好，何必用这种桌子呢？"

　　我就回答他："这桌子不是给你用的。你要知道，这桌子若不把它做得很好，许多有身份地位的人，不会走到这里做我们的客人，更不会成为佛教的信徒。所以要把佛教的水平提高，把道场设备做好，那些人才可能驾临。如果说，用好一点的桌子都要遭人非议，那么阿弥陀佛的西方极乐世界，房屋是七宝楼阁，黄金铺地，不是更奢侈了吗？"

　　当初李炳南老居士在台中倡导净土法门，说明净土多么庄严、多么美妙，引导大家要求生净土。一个道场的设备若不好一点，怎么能显出佛教的净土之美呢？说话似是而非，知其然，不知其所以然，游走于正邪之间，这是不如法的。

　　在佛教常常有这样的情况，一作法会活动，就会有人站在门口托钵化缘。有的信徒会去布施，也有人坚持不去布施，因为可能这些人都是假和尚，但部分信徒却说："真施主不怕假和尚呀！"如果不去仔细地辨别这句话，会觉得这话是对的。其实这句话是"正邪之间"。正因为有这些没有辨别力量的信徒滥布施，所以才无法分辨所谓的"真和尚"与"假和尚"。明白说，布施的人也不是"真施主"，这叫做"糊涂施主"。我觉得学佛的人，要加强是非善恶的辨别能力。

　　又比方说，有些人到佛光山朝山会馆吃饭，看到有些客人饭菜没吃完，会馆就把它丢到馊水桶里去，于是批评："唉！这个寺院怎么这样不惜福呀！这个菜明明还可以吃，却把它丢掉了？"

　　各位听到以后可能也会说："是啊！这个菜很贵呀！吃不下就

把它丢掉，实在可惜，怎么不惜福呢？"如果这句话是一位张师姐说的，下面我就要问了："张师姐！拜托你，请你留下来，帮我们吃吃剩菜吧！"因为你说一句话很简单，说完就可以走了，后面却是叫别人吃这些剩菜。再说，就算信徒来吃剩菜，回去后宣传："到佛光山都要吃剩菜，下次不来了。"万一吃了过期食物而中毒，这个法律责任又是谁来承担呢？

所以类似这种正邪之间的想法、言论，假如我们的青年没有辨别能力，实在很危险。因此作为一个青年，我们要有辨别的能力与智慧，要能明理，权衡轻重。

甚至有人说："心好就好了，何必再去信什么宗教呢？"这样的话，听起来像是正确，但若仔细辨别，就会发觉这是不对的。信仰如交朋友、选择终身伴侣，俗话常说"交友不慎"、"遇人不淑"，一个人交错朋友，会毁了一生的前途；一个女人嫁错丈夫，会失去终身的幸福。我们对于对象的选择，怎么能不小心谨慎？更何况信仰的对象、宗教，更应该仔细抉择，确认正信的宗教！

一个人光是心好是不够的，人生的烦恼从哪里来？苦闷从哪里来？忧愁从哪里来？不如意从哪里来？一切皆因不明理、没有明辨是非的力量。信仰更要有辨别力，要知道哪个宗教比较好。如何辨别、选择正确的宗教信仰呢？

第一，要看宗教的教主，在历史上是不是真实有的？

第二，要看宗教的教主，是不是真有力量，可以解除我的苦难？

第三，要看宗教的教主，它的教义是不是圆满，是不是究竟清净？

有了辨别力，选择信仰就不至于有错。

有一个人无论做什么事都要看黄历、问地理师。有一天,他家里的墙忽然倒塌,压到他的身上去了。他大呼救命,叫儿子赶快来救他。他儿子说:"爸爸,你忍耐一下,我先翻一翻黄历,问一问风水先生,看今天适不适宜动土?"

名作家三毛,经常与灵媒沟通,宁愿舍弃人间的生活,到鬼域与亲友作伴,甚至到最后轻生自杀,引起社会大众议论纷纷。

人为什么不问自己?不肯相信自己?为什么没有辨别是非正邪的力量呢?希望佛教青年们,每一个人都要增加自己的辨别力。

(三) 青年要有自制的力量

我常常听到有人这样跟我说"啊!我实在无法控制自己"、"我不能忍耐"、"我是很冲动的,我自己没办法"……自己对自己都没有办法,谁能对你有办法呢?

如果我们自己没有约束自己的力量,那么处在这个五欲六尘、名利纷杂的世间,实在很苦恼。尤其苦难来时不能忍耐;情爱之前无法节制;金钱名利诱惑之下,出卖自己;在权力威武的迫害下,甘受驱役。这些都是需要自制的力量,才能排除的。

信仰最能考验一个人的宗教情操与自我的自制力。比方说信仰佛教,异教徒来跟你说:"你不要信佛教,你来信我的宗教,我每个月给你 20 万元。"这个时候,你是否会为他的金钱所收买?爱情也可以收买我们,所谓英雄难过美人关,不管男女老少,往往在别人的盛情之下,情不自禁。

又如在权力威胁之下,刀、枪抵住我们,你敢反抗吗?世间任何一件事、一句话、一个人,都可能动摇我们。要你欢喜,便称赞你几句话；要你生气，就说你几句坏话。你的欢喜与不欢喜，都可以随时让他人操纵、左右。所以，人实在是很脆弱的。

有一个老禅师在打坐，魔鬼想要来破坏他，老禅师如如不动，丝毫不受影响。魔鬼摇身一变，没有眼睛，老禅师一点都不害怕，反而坦然地说："这是什么东西啊！怎么没有眼睛呢？没有眼睛也好，就不会去乱看坏的事情。"

魔鬼一看吓不走老禅师，又再变，没有了嘴巴。老禅师一看："哎哟！这是什么东西？怎么没有嘴呢？没有嘴也好，就不会说是非，不会恶口、妄言、绮语。"

魔鬼又再变，手也没有了，披头散发，形象丑恶。老禅师还是神闲气定地说："哎呀！这什么东西，又没有手了。没有手也好，以后就不会打牌、不会盗窃，也不会随便打人，做坏事了。"

老禅师见怪不怪，处变不惊，终于让魔鬼不寒而栗，落荒而逃。就是因为有这种不受外境所动摇的自制力，生活才能安然自在。

（四）青年要有鼓励的力量

做人要有鼓励、带动的力量。好比一个家庭里，如果有人鼓励、带动，就能增加许多欢乐融洽的气氛。

有一个人每天烦恼不已，他到寺庙里找法师，请问如何消除心中的烦恼。法师送给他四个锦囊，并吩咐说："这四个锦囊不可一次打开，必须在不同时间打开来看。"

到了第二天清晨，这个烦恼人打开第一个锦囊，上面写了四个字"到山上去"。他不知道为什么要到山上去，不过一到了山上，空气清新，鸟语花香，使他感到神清气爽，精神舒畅无比。

回家之后，又打开第二个锦囊，上面写道"你要欢喜微笑"。他就赶紧放松面容，调整心情，赞美太太、鼓励儿子，散播欢喜、散播微笑。家人因为他的心情，也跟着欢喜起来。

到了公司上班时又打开第三个锦囊，上面写着"诚心赞美人"。他就对科长说，你工作做得很好；对科员说，你最近很有成绩。所有公司里的职员听到主管这样的赞美，心里非常高兴，工作就更加卖力。

傍晚下班时，他打开第四个锦囊，上面写着"到海边去，请在沙滩上写两个字'烦恼'"。他就在沙滩上写上"烦恼"二字，才刚写好，潮水一阵冲上来，很快地就把"烦恼"冲走了。当下他体悟到，烦恼不是别人给我们的，而是自己找来的。解铃还须系铃人，要消除烦恼，还是得从自己做起。所以，给人欢喜、给人赞美、给人快乐、给人鼓励，可以改变我们的生活。

像现在的社会之所以有许多怨偶产生，都是因为夫妻间彼此不善于赞美，缺乏相互鼓励。例如太太见到先生回来就发脾气："嫁给你这个穷鬼有什么用，嫁给你真是倒霉，想要什么都没有。"先生听到太太这样的话，真是无比失望，家庭的嫌隙、裂痕慢慢就越来越大。

其实，不管是结婚几十年的老夫妻，或是新婚的年轻夫妻，彼此相互鼓励、赞美是很重要的。做先生的要多一点赞美给太太，例如："今天这个花插得好美丽噢"、"菜煮得真好吃"、"家里真是整齐干净"、"这件衣服好漂亮"、"今天的发型好美"、"今天你的笑容真好看"……先生的一点赞美，必定能增添家庭幸福美满。而太太对先生更要赞美和关怀，比如："你很能干"、"你真有智慧"、"这件事亏得你才做得成"……这些话不管是真、是假都很有用，鼓励的力量是很大的。

佛教青年要学习诸佛菩萨称赞的力量，像称念观音菩萨，菩萨就会寻声救苦；称念普贤菩萨的十大愿，菩萨就会给你满足；称念文殊师利菩萨，菩萨就会赐给你智慧；地藏菩萨说"地狱不空，誓不成佛"，带给地狱众生多少的希望与鼓励。可见得，要成为一个菩萨，要具备多少承担、辨别、自制、鼓舞的力量，甚至还要有发心的力量、忍耐的力量……

许多公职人员退休之后，渐渐失去活力；很多运动员从运动场上退休后，失去动力，因为他们年轻时所发挥的是肉体上的力量，为事业打拼，却没有培养精神慧命上的力量，所以退休之后无所事事，渐渐地就感到衰老，这是非常可惜的。因此佛教青年从年轻的时候就应储备良好的精神力量。

精神道德力的基础，在于因地的发心。有了青年的力，接下来就要有深远的菩萨心，才能使力量稳固，永不退堕。怎样发菩萨的心呢？

二、青年要如何发菩萨心

（一）要有大愿心

一般人求佛拜佛，都是希望佛祖赐给我福报、家庭幸福、生活美满、事业顺利、聪明智慧等，大多都是为自己或家人亲眷求，很少为法界一切众生求。我们学佛应该要发大愿心，为法界一切众生求安乐。

有一次黄檗禅师游天台山时，遇到一个举止奇怪的同参，两人谈笑，一如故人。当他们走到一条小溪前面时，正好溪水暴涨，那位同参叫黄檗一起渡河，黄檗便说道："老兄，溪水这么深，能渡过去吗？"

那个同参便提高裤脚过河，好像在平地上行走一样自然，他边走边回过头来说："来呀！来呀！"

黄檗便叫道："嘿！你这自顾自的人，如果我早知你如此，便把你的脚跟砍断。"

那位同参被他的骂声所感动，叹道："你真是位大乘的法器，实在说，我不如你啊！"

这意思是说，我们要有"自己未度，先能度人"的愿力，才是真正菩萨发心。我们不要以为法界众生不是我，其实我与法界众生是一体的。假使我的日常用品都很富足，而我周围的人，生活却苦恼贫穷，我每天见到了，是不是心中也会感到苦恼不堪呢？反之，假如我发愿给人欢喜，给人信心，周围的人，一定可以感受到你给人的欢喜，给人的信心、热力。所以要有大愿心，愿普天之下的人都能享有幸福安乐。

甚至发愿舍己为人，发愿化身一棵树，给众生庇荫；发愿造一座桥，给大家行走；发愿常转法轮，度化众生改邪归正；发愿使家庭和谐，妻贤子孝，兄友弟恭；发愿好好教育子女，使其成为国家栋梁、社会中坚；发心每天读多少经、念多少佛、说多少好话、多少笑容。这都是一种愿力的实践。

（二）要有清净心

一般人的心给成见框住了，所以对什么事情，总是带着有色眼镜看待，这样怎么能清净呢？有的人杂念妄想很多，如女词人李清照所形容"才下眉头，却上心头"，这么无常的心念，又怎能安宁、安住呢？

所以不被贪、瞋、愚痴污染的心就是清净心；清净心就是无住、无念、无执着的心。清净心如"百花丛里过，片叶不沾身"，如"竹影扫阶尘不动，月穿寒潭水无痕。"

（三）要有慈悲心

慈悲心是一种无分别、无对待的平等心；慈悲心是人人本具的真如佛性，不必向外求，只要把心静下来，马上就可以体证。从真如自性显现出来的慈悲心，在眼、耳、鼻、舌、身、意等六根门头生起作用，看人都是慈悲的眼光；听到的都是慈悲的声音；说的都是慈悲的语言；慈悲的手为人服务做事；慈悲的心为人祝福回向。

（四）要有般若心

般若是什么？就是智慧。开发智慧，是改造自己愚痴的认知。人要明理，不明理则会执着、愚痴，胡作非为。所以有人说："宁与君子理论，莫与小人计较；宁与智者争论，不与愚者论道。"能够了解万物皆因缘法存在，体悟众生与我同体共生的道理，随时懂得人我关系相互调换，才能营造美好和谐生命。因此，用般若智慧来化导愚昧无明，来净化自己的心灵。人无始来今，流转轮回于六道，身体会毁灭变坏，唯有这个般若真心是永远存在不死的，所以般若心是大智慧、大光明。

谈到"青年的力，菩萨的心"，青年的力，主要是希望青年们有承担的力量;有辨别的力量;有鼓励的力量;有忍耐的力量。菩萨的心,则是要我们拥有菩萨情怀,发挥大愿心、清净心、慈悲心、般若心。拥有青年的力及菩萨的心,未来才能在社会上立足。

1992 年 3 月 1 日讲于花莲女中大礼堂

佛教青年的生涯规划

从古至今多少的圣贤英雄，
因为对自我的一生有规划，
才能为人间留下贡献，
留下榜样，留下言教，留下历史功绩。

"凡事豫则立，不豫则废"。行事要有规划，才有依循的方向及目标。至圣先师孔子，一生兢兢业业，用心教育，他规划自己"十有五而志于学，三十而立，四十而不惑，五十而知天命，六十而耳顺，七十而从心所欲，不逾矩"，树立了儒家圣人的风范。印度的修道者，一生也有四个时期的规划：

第一，梵行期：8岁拜师求学，以12年学吠陀，习祭仪。

第二，家住期：20岁，返家结婚生子，祭拜祖灵，经营俗务。

第三，林栖期：儿子成年后，家产让子，自己栖居树林修苦行，专心思维，过宗教的生活。

第四，遁世期：退休的时候，断绝世俗执着，被粗衣，持水瓶，游行遍历。

传统丛林中，也有每个学习的阶段性。例如"五年学戒，方得听教参禅"，意思是在律仪上受过严格训练，净化自己的身心，养成高尚的气质，合度的行止，然后才可以去研究教理或参究话头；又如"十年之内莫游方"，指的是一个出家人的成长，起码要有 10 年时间的熏陶，才能有坚定的道心、成长的道业，因此这段期间，应该沉潜养成，努力充实自己，不宜外出攀缘。

到了 21 世纪的现代社会，已经不是"三百六十行，行行出状元"，而是各行各业，百花齐放。一个 20 岁的青年，学校毕业一直到退休之龄，只要认识自己的性向才能，不断自我充实，无论是经商、体育、打球、甚至下棋、舞蹈，一样可以发挥所长，散发生命的热力，发展出一片天空来。

身为佛教青年到底要如何作生涯规划呢？可以从六个方面来讲：

一、从年龄增长来规划人生

（一）成长学习期

这个阶段，除了知识的学习以外，最重要的是养成良好的习惯和礼貌。有礼貌，才能有所成就；没有礼貌，走到哪里都没有人缘。有良好的习惯，清洁、整齐、威仪、勤奋，纵使智慧不足，学问差了点，还是会受人欢迎。

25 岁以前，要将课堂上教授的知识、做事的技术，以及做人的基本道德观念等所学完成，甚至借由苦行，增加自己的精神毅力；或者到寺院丛林过团体生活，接受切磋磨炼。因为父母、师长、朋友对我们的帮助是有限的，唯有自立自强，才能提升自己，幼稚、不懂事只会白白浪费青春。

这个时期，年轻人的价值判断，时常会随着外在环境的变化而改变。例如小孩子在幼儿园的阶段，常常会说："这是我妈妈说的、爸爸说的。"上了小学，得到老师的教导，他会说："这是老师说的。"到了中学阶段，以朋友为重，就改口说："我朋友说的。"等到上大学，经常挂在嘴边的就是："我女朋友说的"或者"我男朋友说的。"

无论大小事情，都是别人说的人生，并没有真正找到自己。因此，25 岁以前，应该找到自己所认为可以安身立命的根据。信仰不是老公公、老婆婆才需要，不论是信奉佛教还是基督教，信仰是青年寻找目标、寻找安身立命之处的助缘。

（二）实习服务期

到了 25～35 岁的阶段，要学习与大家合群合作、共生共处，把群我的关系处理好，事业的基础实习完成，把理念付诸实行。

有一个徒众与我相遇，我问他几岁？他很不好意思地说："我今年 40 岁了。"

"有什么特长吗?""没有。"

"你会讲经吗?""不会。"

"你会念经吗?""念得不好啊!"

"你会做什么事吗?""没有专才。"

师徒之间难得一见，总要讲几句鼓励安慰的话，但是听到他的回答，感到很失望，终于忍不住对他说："你都 40 岁了，怎么还没有学到一点有用的东西呢?"我觉得人生在 35 岁以前，应该学习创业的基础。

在这个时期，你的学业已完成，应该开始服务大众，将自己所学奉献出来，回馈社会。甚至扩大自己奉献的范围，或做义工，或

为义工服务等。世界上最伟大的义工就是释迦牟尼佛，他一生做
众生的义工，从来没有要求薪水；观世音菩萨，游诸国土，度诸众
生，也是做义工；地藏王菩萨"地狱不空，誓不成佛"，为众生解除苦
难，是地狱众生的义工。出家人也是众生的义工，他终其一生，都
是做服务奉献的工作。做义工比做志工好，志工是有志去做，做好
做不好，不一定。义工必定是心甘情愿投入事情，因为有情有义、
慈悲、奉献、服务，更为超越升华。

（三）弘法布教期

到了 35～45 岁，可以弘法布教。人生犹如一块田地，如是因，
召感如是果，在菩提园里栽种菩提种，当然收成的就是菩提果。想
要将来有收成，就必须赶紧播下种子。因此，所谓"以弘法为家务，
利生为事业"，这个阶段你可以广结善缘，利乐众生，发挥所长。

（四）佛法圆融期

45～50 岁，不妨规划为教、学、做并重的人生，一面自学自做，
一面将经验传授与人，所谓自利利他，在教学做同时进行的状况，
佛法的实践与运用，也会逐渐圆熟。

（五）经验传承期

65～75 岁的人生，应当著书立说，以传承经验；或专职教学，把
一生的智慧经验传承给后代。

一直以来，中国人讲究"密笈"、"密传"，甚至民间技艺也有所
谓"传媳不传女"的说法，因此许多一生努力的技术、技艺，宝贵的

方法与经验，都因为这种陋习而失传了，这是非常可惜的。

第二次世界大战时，英国首相丘吉尔讲了一句话："一个伟大的人物，并不是自我成功立业而已，而是将来要有一个继承人。"这是一句很重要的话。我深信，唯有让年轻人及早出头，未来才有源源不绝的活力与希望；唯有及时"世代交替"才能与时俱进、生生不息。尤其佛教强调传灯，以一灯燃百灯，百灯燃千灯，灯灯无尽，法灯才得以传承下去。

所以，在我 58 岁的时候，毅然把领导创建 18 年的佛光山，传给第二代徒众心平和尚。我觉得，人要交棒，要有传承。因为人生就像是一场接力赛跑，要与人竞赛，必须要交棒，才能到达目的地。

（六）云游度生期

75～85 岁的人生，可以云游度生，随心所欲；或一面教学，一面游山玩水。此时功成名就，不必为旅费挂念，也不用挂心无人招呼，可以随喜随缘传授经验、阅历，将本土化的人生，扩展到国际化的人生，将经验阅历国际化，扩展宽广的未来人生。

二、从生命四期来规划人生

（一）少年时期，要有礼赞生命的感恩

对一个少年而言，父母生养我们，师长教育我们，国家保护我们，社会成就我们，乃至衣食住行、日用所需，都是很多人辛苦帮助才能维持，因此要有感恩的心。懂得感恩的人，才是富有的人。心存感恩的人，会孝养父母，会帮助朋友，会回馈社会国家。

此外少年时期，要培养尊重生命的态度。我常看到有一些儿

童玩弄小鱼、小虾、知了、蜘蛛、青蛙等动物，到最后，小小的生命都被弄死了。如此不懂得尊重生命的可贵，怎么能保证将来不会打人、杀人，甚至认为杀死人如同踏死蚂蚁一样的轻松呢？

现代科学证实，尽管只是一只小老鼠、小鸡，你每天赞美它，它必定生长得很好；甚至花草树木，每天为它浇水、赞美它，它也会生长得非常茂盛。假如咒骂它丑陋、难看，花草树木也会慢慢枯萎死亡。只要你有爱心，它的磁场力量，都能与万物感应道交的。

佛教讲"十法界"，人是十法界的中心枢纽，往上升就是声闻、缘觉、菩萨、佛，向下堕则是天、人、阿修罗、地狱、饿鬼、畜生等六道轮回。而人生究竟要上升或下堕呢？这一生的枢纽就是在少年时期，你未来究竟是成功立业，还是社会的害群之马？重要就在于少年时期要养成好的习惯。

（二）青年时期，要有自觉信心的价值

所谓"闻善言要着意"。如果大家听到一句话有所觉悟，就能得到受用。反之，我说我的，仍然是我的，对你没有帮助。

人生究竟要觉悟什么呢？"自我信心的价值"。相信自己拥有无穷无尽的能力，如果是一个贫穷人家的子弟，要发心不让家庭永远贫穷，若是一个家世很好的子弟，要发愿维护家庭的传统，继续发扬光大。

各位青年能参加国际佛光会青年分会，这真是千生难遇、万劫难逢的机缘。如果你能把握这种肯定自我信仰的价值，未来一生受用无穷。

（三）壮年时期，要有活水源头的精进

朱熹说："问渠那得清如许，谓有活水源头来。"壮年时期，要发愿自己做源头活水。活水在哪里？在我们的心里，我的心中要不断地有活水流出，发愿服务大众，扩大生命内涵，那么，发展出来的生命，都是清净的、美好的。

尤其壮年是人生的巅峰，不可因志得意满而安于现状，不容片刻的犹豫、停顿，否则就是落伍了；也不应因失志落寞而裹足不前，只要有活水源头的精进，就能继续再创人生的另一个高峰。

（四）老年时期，要有平静欢喜的生涯

人生要能动，也要能静。到了老年的时候，人生"从绚烂归于平淡"，这时要静下来，有"大智若愚"的体会，能随遇而安、随心自在，随缘欢喜，这样的生活妙趣无穷。

老年可以莳花植草、品茗下棋，过一种修心养性的悠闲生活，甚至信仰宗教，过一种淡泊无欲的修行生活。能平静地安度老年，面对生死能无忧无惧，这就是人生莫大的福报。

三、从理论观念来规划人生

从理论观念上，怎样规划人生呢？

（一）20 岁以前要建立"当然如是"的观念

富家子弟仗着父母拥有的钱财，要什么有什么，凡事称心如意。家庭贫寒的子弟，生活艰难，或许做过报童、小贩、跑堂、服务

员，赚取微薄的收入。纵使生活艰难困乏，但不必怨叹，这一切都在成就我们的精神毅力，要有"想当然尔"的观念。人生本来就应该是这样的！"想当然尔"这一句话，对我一生受益很多，我 12 岁出家，在寺院丛林里受着专制、打骂、难堪、挫折的教育。虽然经常被人踩在脚下，受到不被当人看的待遇，但是从小父母就给我一个"当然如是"的观念，老师打我骂我，是应该的；给我委屈冤枉，也是当然的，因为我在接受教育。不论遭遇到什么困难挫折，我都是逆来顺受，所以一生的心情都很平静，乃至后来在弘法过程中，碰到伤害、诽谤，我也告诉自己：这是娑婆世界，社会实相，当然如是，必然如此。年轻的我，培养自己不愤世嫉俗、不怨天尤人的性格，这些打骂，反而激励我，让我更加精进，更加健全。

（二）40 岁以前，要建立"心甘情愿"的观念

40 岁是事业有成的人生，因此孝养年老的父母，要心甘情愿；妻子贤惠与否，既已成家，就要心甘情愿；工作上辛苦劳累，也要心甘情愿，为社会尽一份心力；养儿育女，种种辛劳，也要心甘情愿；甚至交朋友，即使给朋友骗了，也要心甘情愿。只要我有力量，就不会倒下去。

像我做和尚，总想，父母没叫我出家，也没有人逼我做和尚，是我自己心甘情愿为众生服务的，因此，就不感到苦、感到难，或认为不好、受委屈。"心甘情愿"，这股力量是强大无比的。

（三）50 岁以后，要建立"一切靠我"的观念

人生，靠朋友、靠家庭，都是靠不住的。有担当的人，总是想家

庭的幸福要靠我，社会的和乐要靠我，国家的富强要靠我，佛教的弘扬要靠我，众生的解脱要靠我。拥有这样的观念，人生不管遇到什么逆境都不会灰心。

一切靠我，要先从本身的健全做起，要有这样的愿力、承担，才能创造出光明的前途，为人生开出丰美的花果。尤其身为佛弟子的我们，应当要有"佛教靠我"的信念来护持正法，在浩瀚的宇宙中，发挥正知正觉的力量，为个人及大众无限的生命留下善美深远的价值。

（四）60 岁的人生，要建立"广结善缘"的观念

俗话经常说："有缘千里来相会，无缘对面不相识。"人和人相遇时也会说："我们有缘。"世间上最宝贵的就是广结善缘，因为人与人之间，都是靠着缘分在维持关系。

人到了 60 岁，更要有广结善缘的观念。如何广结善缘呢？你可以用经济结缘，譬如布施一点金钱帮助人；用语言结缘，对人说一句好话，赞美别人；用功德结缘，就是做善事，譬如修桥、铺路，热心社会公益等；用教育结缘，我传授你技术，告诉你怎样做好人，如何做好事，就是教育结缘；用服务结缘，帮你写字，帮你服务，在自己只是举手之劳，却和对方结了缘。

甚至，也可以用身体结缘，和对方合掌、微笑、点头，甚至劳动、工作，有时候拨出一两个小时，听听别人纾解心里的烦忧，给他一些安慰、鼓励，这是用时间结缘；以物品救济贫苦人家，这就是物资结缘。最重要的是用欢喜结缘，因为世界上没有比欢喜更宝贵的东西，有时我们用再多的金钱、物资送给别人，别人未必很欢喜。

不如用欢喜心与人结缘，不但不需要付出辛苦，而且有很大的收获。你能满众生所求，这就是广结善缘。

（五）70 岁以后，要建立"皆大欢喜"的观念

佛陀曾说，"苦"是世间的真相，俗话也说："人生不如意事，十有八九。"既然是这样，人与人之间，更要同舟共济，真心相待，尤其为人处事，承上启下最圆满的境界，莫过于"皆大欢喜"。因此，彼此更应本着"皆大欢喜"的诚意，多方沟通，费心协调，照顾每个心灵，达到真正的和平幸福。

尤其到了 70 岁，是所谓"从心所欲，不逾矩"的阶段，一言一行，一事一物，都能处理圆融，让大家皆大欢喜。

四、从性格志向来规划人生

规划人生可以从性格、志向上着手，为自己的人生找出一条路。譬如：

1. 研究性格：天生具有研究的性格的人，可从事科学、医疗、天文、生物、宗教、哲学等研究。

2. 实际性格：重视现实生活的人，可从事劳工、机械、农业等实际生产工作。

3. 艺术性格：喜好创作文学、诗词、小说、绘画、舞蹈、音乐的人，可立志做一位诗人、画家、音乐家、导演等等。

4. 社会性格：喜欢从事社会工作的人，大多具有合群团队的性格。这种人喜欢做义工，牺牲奉献，精进不懈，可以多多参与国际佛光会活动，过集体创作的生活，发挥团结合作的力量。

5．开创性格：有创建、有见解的人，可以从事政治，为大众谋福利，或从事产品推销、开发，将好产品介绍给消费大众。

6．传统性格：具有传统保守、规矩笃实性格的人，他讲究义气，不会出卖主人，可以从事秘书工作。

7．宗教性格：具有慈悲胸怀、热心公益、乐天知命、安分守己性格的人，可做一个慈善家、修道者。所谓"红尘白浪两茫茫，忍辱柔和是妙方，到处随缘延岁月，终身安分度时光。"宗教生活，能让你过随遇而安、随喜而作、随心自在的布教生活。

大家要立志，五年内，考取国际佛光会的檀讲师、檀教师、檀导师。未来的佛教，必定需要许多有为的菩萨行者出来弘扬；未来的佛教，历经一番革新，必定是从山林到社会、从寺庙到家庭、从僧众到信众的时代，各位青年朋友们要立志，一面传教，一面学习，扩大生命的意义。

五、从美学意境来规划人生

每一个人都希望自己拥有一个真善美的人生，那么应当如何规划呢？

（一）文学的人生

30 岁之前，不妨把自己规划成一个文学的人生。因为诗词歌赋的意境，可以陶冶性情；文学中有情有义的境界，可以丰富思想内容；文学里唯美的世界、变幻的人生，可以美化人生，扩大生命，进入真善美的境界。乃至文学里的浪漫意味、理想主义、想象的境界，都是属于年轻人所拥有。所以，30 岁以前喜爱文学是很好的现象，应该要有规划地去了解、阅读和研究。

一天不读一本书，就会失去人生的价值，用比较俗气的话说，就是"蚀本"。尤其现在是一个讲求快速的时代，学习怎能不加速进步？好比看报纸，几十张，哪里能一个字、一个字慢慢读？如果能养成阅报的习惯，即使 10 分钟，也能掌握天下大事、内容大要。除了看书要快，做事也要快。我对于两三个人做同样一件事情，还做不好的情况，实在感到忧心，人生岁月有限，哪里有时间拖拉呢？所以，做事要能运用智慧、灵巧、般若。

我一生没有上过正规的学校，只有在兵荒马乱中，读过不到一年的私塾，甚至一个 12 岁的小孩上佛学院，每天跟在大学生后面玩，那许多大人根本就不理睬我，甚至还打骂我、欺负我。

直到十七八岁，南京乡村师范学校迁到重庆，图书馆里的书带不走，栖霞律学院把它接收过来，我才有机会被老师派去做图书馆管理员，也才得以埋首书堆，阅读文学作品。这段时期，从中国小说到外国小说，从古代小说到近代小说，几乎无所不看，无所不读，而且读得很快。求学要有一种渴望，一般人以为只有饮食才能填饱肚子，其实知识也能当饱，读书读到禅悦法喜，也是一种饱。

所谓文学的人生，并非只是看报纸，世事变化无常，昨日的报纸内容已是过眼烟云，明日黄花。文学作品的价值，在于它能使人荡气回肠、点滴心头，增加我们对世间的诸多体会。我个人读书很容易受启发、受感动，例如，看《水浒传》，就想到梁山去做好汉；读《岳传》，生逢抗战时期的我，也兴起"精忠报国"，去做游击队员，保卫国家的念头。我从小就有救国救民，牺牲奉献，舍我其谁的愿心。

我也曾经遇到挫折，经常被人骂没出息，加上我不善于唱诵，在当时的佛教界，就更不为人所重视了。不过我也常想，有没有出息现在就能知道吗？二十年以后再看看吧！我之所以不被一句话所打倒，就在于我有一点文学的意境，把自己的人生规划出一条文学的路，自我期许，自我陶醉，自我要求。

（二）哲学的人生

文学是人生美丽的外表，而哲学是宇宙人生的真理内容。30岁至 50 岁的阶段，要把文学的书籍放下，拾起哲学的书籍，规划一个哲学的人生。因为此时人生的经验阅历增加了，感到深入哲理书籍很重要。

我在这个阶段看《唯识二十颂》《唯识三十颂》《俱舍论》等艰深复杂的论点，甚至学习讲说、思维。人生有了文学的了解，再来通达哲学，也就不为难，对人生的体验，也就会更加深刻了。

从文学到哲学，使我体会到一沙一石里有三千大千世界；一心一念里有无边的法界；从"须弥纳芥子，芥子藏须弥"里，融会文学与哲学的意境与价值；在一句"阿弥陀佛"圣号里安定身心，在蒲团禅坐中，深刻体会"宇宙人生就在当下"。我寻到蕴含在生命深层的真如佛性，感到自己的力量在增加，世间的荣华富贵、穷通得失，有如过眼烟云，我已不在意了。怎样过一个哲学的人生，一般人不容易体会，不过有一个方法，凡事常常提起"为什么"的疑惑。例如有人问："为什么要吃饭？""吃饭会饱。"这容易回答。但是再问："吃饭为什么可以饱啊？"就不容易回答了。人生许多的问题，若能多追问几个"为什么"，哲学的意境就会出现。

禅宗的参禅，就是要人提起疑情，提起疑惑的心。为什么？为什么？为什么？"父母未生我之前，什么是我的本来面目？"、"念佛的是谁？"、"我是谁？"、"我是什么？"……一直参究下去，人生难以了解的问题就会慢慢地浮现到面前，或许有时会感到很模糊，但是没有关系，因为哲学是属于思维的。佛教提倡"以闻思修入三摩地"，闻所成慧、思所成慧、修所成慧。现代年轻人最大的缺点就是没有思想，因为在成长过程中，所读所学都是世间的知识、技术，几十年下来不曾养成思想的习惯。

（三）宗教的人生

50 岁以后要过一个宗教的人生。人生到此，纵使儿女成群、财富丰足，却也慢慢地感到这些都不是自己的，世间也不属于我一个人的，反而觉得念一句佛号，这一句佛号就是我的；参禅一支香，这一支香的功德是我的；结一分缘，这一个缘分就是我的。此时宗教会带给我无形的安慰、空无的解脱。

想要过宗教的人生不能没有基础。譬如一些人到年老才要出家，丛林有一句话："骨头啃不动了，才想要来吃豆腐啊！"人生 80 岁了，才想要学吹号吗？已经吹不动了。所以青年时期是很宝贵的，什么事业都要在年轻的时候把握因缘，打好基础。

六、从发心立愿来规划人生

怎样规划人生？首先自问要做一个什么样的人？我认为上等的教育是教我们做人，中等的教育是教我们做事，下等的教育则是把书读好。把书读好，不一定会做事，也不一定会做人，因此，怎样做人很重要。究竟人生何去何从？如何规划自己？举一些浅显的譬喻供大家参考。

（一）要做一个皮箱

出外旅行，手中拎着手提箱，当需要用的时候提起它，不需要的时候就放下它。应该提起时你不提起，就好比人生不奋发、不努力、不勤劳、不能负重，没有使命感，前途就有限；得放下时，而你却执着，怕他人抢、他人偷，天天带着皮包吃饭、睡觉、参观、上课，这不是很累赘和麻烦吗？所以凡事当得提起要提起，当得放下要放下。

（二）要做一面镜子

镜子不只是照我们的面孔、丰姿、仪表，更要照我们的心，是看到我有慈悲心、信仰心、般若心、道德心、责任心、忠心、孝心、爱心呢？还是看到自己面孔的丑陋，心中贪、瞋、愚痴、嫉妒、怀疑等肮脏的垃圾？身体肮脏，要用清水洗，内心肮脏，就要用知识、智慧、佛法洗净。社会讲究环保，不但要美化环境、美化面容、美化语言，还要美化我们的心，经常反观自省。

除了玻璃做成的镜子，世间一切万象，师长朋友，乃至自己的思想也都是一面镜子，人要常常要在镜子前面考察自己。

（三）要做一只彩笔

好比艺术家用彩色的笔，将大地山河美丽的一面呈现出来，人生也要用一支彩笔，画下我们的历史，画下立功、立德、立言，画下对人间的贡献，画下多彩多姿的事业，所以我们要立志为人间留下一些色彩。

（四）要做一本笔记簿

《了凡四训》的作者袁了凡有一本笔记本，叫作"功过簿"，他每天在笔记本上记下自己言行思想的功劳或过失。我们也要能有一本笔记本，每天记下自己在世间的是非对错，做一个检讨、记录和反省。

（五）要做一支蜡烛

这个世间是众缘成就的，彼此都是我成就你，你成就我。因此一个人绝不可以自私自利，要经常设身处地为别人着想，否则如何在这世间生存呢？把自己规划成一支蜡烛，如同蜡烛一般"燃烧自己，照亮别人"，这就是我为人人，人人为我的人生哲学。

（六）要做一个时钟

一天有 24 小时；一年有春夏秋冬四季；一生经历有生老病死；甚至在无限的时空里，生命有来来去去。时钟从 1 点走到 12 点，又会再回头，人的生命力也要像时钟一样，不停地走，不停地动，如果不走、不动了，那就成为废物了。所以人生要勤劳奋发，进取勇为，要生生不息地向上努力，自我创造。做人不必要求他人欣赏，但自己要动起来，自立自强、自我奋发、自我健全、自我播种，才能有所收成。生命必须不断地升华，才有意义。

人生应该如何规划？立志发愿：

做一杯清水，给人清凉解渴，给大地万物滋润生长；

做一棵树木，给人遮荫庇护；

做一座桥梁，给人方便，让人通过；

做一条大路，让众生可以行走，到达目的地；

做一颗棋子，给人指挥分配，纵使是车、马、炮、小兵、小卒也能立大功；

做一个蒲团，使众生安住身心，体悟宇宙三千大千世界；

做一尊佛祖，只要拥有一颗佛心，承担自己是佛，就不会跟人计较、嫉妒，许多恶习就能消除。因为"我是佛"，就不会去偷、去抢、抽烟、喝酒、游乐、赌博。承认自己的佛心，就能重新改造自己。有佛心，眼睛看到的世界都是佛的世界，听到的都是佛的声音，说的话都是佛的语言，手脚做的都是佛的事情。

除此之外，还要自我期许，发愿规划我们的人生，成为智慧灵巧的人生、幽默风趣的人生、服务奉献的人生、忍耐宽容的人生、融和欢喜的人生、逍遥自在的人生、慈悲喜舍的人生、信解行证的人生、自他圆满的人生、从人到佛的人生。

如何规划人生？刚才说到孔子的人生规划，也可以给我们一个遵循参考。十五立志于学，到了三十而立，人生健全了，四十岁就能不受环境的诱惑了。青年朋友也要学习不为金钱、爱情的诱惑所动摇，不为外在的威势而恐惧，甚至不为别人的一句话而起心动念，伤心哭泣或得意忘形；到了五十知天命，你年岁增长了，慢慢就能懂得人间的因果、因缘及群我的关系；六十耳顺时，尽管他人对我们说些是是非非，善恶好坏，心中自有方寸，不会受外在环境影响；到了"七十而从心所欲，不逾矩"，这时的人生是最自由洒脱的。

有一次，我在美国洛杉矶，恰巧碰上寒流，徒众对我非常关心，拿了一顶帽子要我戴。我已经七十几岁，可以从心所欲不踰矩，理应可以戴帽子了，但是我仍然把帽子放下来不戴，徒众们怪我为什么不戴帽子，我说："如果我一戴帽子，徒众也会跟着我戴帽子。"

多年前，我有了一部代步的汽车，有些人就批评说："和尚还坐汽车啊！"我当然不好跟他说："我从高雄到台北国父纪念馆，讲经，差一点就赶不上，我不坐汽车，要怎么办呢？"

所以，对于许多问题、想法，都是要经过谨慎思考，才能建立正确的观念。

这里转述一则民间流传的笑话。阎罗王在阎罗殿上审判世间人的善恶，把惊堂木一拍，众鬼魂匍匐低头。阎罗王说道："小李！你过去世在人间做人，乐善好施，并未犯下什么大过，还算忠厚，现在判你再次投胎到人间做人，寿命 30 年。"小李非常感激阎罗王，礼谢后退到一旁。

阎罗王又把惊堂木大力一拍："老王！你过去在人间急功近利、好吃懒做、不明就理，常常做出许多糊涂事，现在判你到人间做牛，寿命 30 年。"

老王一听，紧张地说："阎罗王啊！做牛好辛苦啊！要拉车、犁田，做种种的苦工，到了年老的时候，人们还要剥我的皮、吃我的肉……30 年当牛的时间实在是太长了，可否给我寿命 15 年就好了？"

阎罗王回答："这怎么可以，剩下的 15 年怎么办呢？"

在一旁等候到人间做人的小李跑向前要求道："我做人 30 年太短了一点，不如把他做牛的 15 年寿命给我吧！"阎罗王答应了：

"好吧！小李的寿命再加 15 年，可以活到 45 岁。"

阎罗王把惊堂木一拍又说："钱二！你过去在人间欺善怕恶，常常仗势欺人，现在给你到阳间做一条狗，寿命也是 30 年。"

做狗的钱二赶快磕头说："阎罗王啊！做狗好辛苦！吃的是剩菜剩饭，住的是屋檐墙角，无法遮晒避寒，不论是烈日当空或是凄风苦雨，都要看守门户，遇上主人不高兴的时候，还要遭受拳打脚踢的命运，30 年的生命实在太长了，我只要 15 年就好了。"

"那还有 15 年怎么办呢？"

做人的小李又赶快跑出来说："阎罗王！没有关系，做狗的那 15 年再给我好了。"阎罗王没有办法，只好答应。

阎罗王把惊堂木一拍，审判孙三："孙三！你过去在人间用计谋欺骗人，现在让你到人间去做猴子，寿命 30 年。"

做猴子的孙三惊慌地说："猴子在深山里吃树叶、水果，本来可以与世无争，但是世间人经常不愿放过我们，手持着猎枪、弓箭，随时准备射杀，让我们每天生活在担惊受怕里，所以 30 年对猴子来说实在太长了，我希望受报 15 年就好了。"

这时候要去做人的小李又跑出来了："那 15 年再给我好吗？"阎罗王又答应了。小李的寿命从做人的 30 岁加上牛、狗、猴子给的各 15 岁，一共可以活到 75 岁。

这个故事譬喻什么呢？人生起初的 30 年，小时候有父母疼惜，身强力壮，长大后谈恋爱，旅行郊游，是人生最感到有意义的时候，但是毕竟人生如梦一场，很快就会过去了。

30 岁至 45 岁之间，是牛给人的 15 年，这期间娶妻生子，背负家庭生活的重担，如同牛一般必须辛勤地工作。

　　45 岁至 60 岁的人生如同狗的生命，年过半百的老爸老妈，在家里煮好饭菜后，不仅要让儿女先吃，而且儿女吃饱后，可能把碗筷一丢，就说："妈妈！今天有朋友约我去看电影。"最后留下了老爸老妈吃剩菜剩饭。甚至儿女们三更半夜不回家，老爸老妈倚门而望，就像狗看门守候一样。

　　60 岁至 75 岁是猴子给人的 15 年，这时期的人生就像猴子般，每天生活在恐惧里，担心无常的弓箭随时会射过来。

　　讲到人生，我们不甘愿像牛、狗、猴子一样过一生，希望活得有意义、有价值，所以不能没有规划。从古至今多少的圣贤英雄，因为对自我的一生有规划，才能为人间留下贡献，留下榜样，留下言教，留下历史功绩。

　　以上，人生的生涯规划，提供给大家参考，过一个怎么样的人生，就有赖自己的发心和努力。

　　　　　　　　1997 年讲于佛光山"国际佛教青年会议"

参加佛学夏令营的意义

希望青年学子能从佛学夏令营中，开拓自己的智慧领域，
寻求自己心灵的主人，寻找安顿生命的世界，
升华自己的人格，净化自己的烦恼，庄严自己的世界。

为什么要参加佛学夏令营？在炎热的天气里，舍弃家里的冷气、电视、电冰箱等享受，不辞辛苦地来参加佛学夏令营，究竟有什么意义？当然，首先要有"为法而来，非为床座而来"的认识。以下列举几点来说明参加佛学夏令营的意义。

一、开拓智慧的领域

佛学还未东传中国之前，中国读书人的思想，总是局限在自我的天地里，经过佛法的熏陶后，在时间上明白了三世的生命过程，在空间上接受了无限的虚空观念，其他又如业力的润生、因果的事实、涅槃的境界、出世的思想，无一不开拓了我们思想的领域。

禅宗参一句话头，可以参究终生，净土宗的一句佛号，包含了宇宙间的奥义，佛经的翻译丰富了我国的文学创作，佛学的树立为中华文化艺术增添了丰富的内容，自古聪明敏捷的中华民族，再加

上佛教无始无终的思想影响，更如三春花开，五色缤纷，枝枝叶叶繁衍无尽了。一般的知识，只看到人类本身，而佛学可以看到一切众生；一般的知识，只看到现在，而佛学可以看到未来；一般的知识，只看到这个世间，而佛学可以看到十方世界。因此，唯有佛学才是开拓智慧领域的不二法门。

二、寻求心灵的主人

在无穷无尽的时空中，我们轮回生死，无有脱期。对于自己心中的主人，常常认识不清，所谓怀珠作丐，有宝反穷，使得每一阶段的生命，都是心外求法，为物所牵，为物所囚。佛学是一部万能宝典，它比一般学术更能在人生问题上给予完整且周延的解释与指导。对于人生，其他学术仅从枝末上探究，而佛学则从根本上去阐明。佛学给我们的启示是：我们的眼睛不要光看别人，要先看清自己。

尚未找到心灵主人的人，就会善恶不分、是非不明。世间用金钱收买我们，我们的生命就操控在金钱手里；世间用爱情诱惑我们，我们的生命就操控在爱情手里；世间用威权压迫我们，我们的生命就操控在威权手里。一个心灵有主的人，决不会被金钱买动、被爱情诱惑、被威权压迫。如何才能找到心灵的主人呢？唯有研究佛学，佛学是开启心灵之门的一把钥匙。

三、安顿生命的世界

时代的动乱，生命的无依，哪一个人不感到苦闷？哪一个人不感到彷徨？科学不能安顿我们的生命，哲学也不能解决人生的问题，政治、经济及军事，虽然能为世间解决局部的问题，但也为人生带来更大的纷扰。生命应该寄托在一个什么样的安全世界，可以说已是全人类一致的问题。

安顿生命的世界，并非是其他宗教所指的天堂，甚至也不光指佛教里的极乐世界，因为安顿我们的生命，不是指生养死葬，也不是指未来的归宿。如果我们的生命找到安顿，不管生也好，死也好，东也好，西也好，有形的色身虽然像波浪一般汹涌澎湃，但就像水一样，是不会失去它寂静的自性。

有一个真实的世界，可作为生命的安顿，这里面只有平等而没有差别，只有寂静而没有动乱，只有幸福而没有苦恼，只有永恒而没有短暂，这个世界就是觉者佛陀的世界。佛学，是生命之学。研究佛学，不是为了标新立异，也不是为了技能及温饱，而是为了庄严自己，超脱自己，为自己的生命寻找一个得以安顿的世界。

四、升华我们的人格

人之所以称为万物之灵，在于人有尊严，这个尊严就是"人格"。人格，不是父母师长所能给予，也不是黄金、美钞所能购买，人格是由遵循道德中而培养，由契合真理中而升华。有的人流芳百世，有的人遗臭万年，其中的分别就在于有没有人格。

商朝的伯夷与叔齐，耻食周粟，饿死在首阳山，而今日以伯夷、叔齐比人，人人皆喜；夏桀与商纣，都是一国之主，称为人王，而今日以夏桀、商纣比人，人人皆怒。这是为什么？就是人格的分野。契嵩禅师曾慨叹说："尊莫尊乎道，美莫美乎德。道德之所存，虽匹夫非穷也；道德之所不存，虽王天下非通也。"

在人格的范围内，不以成败论英雄。秦桧杀死岳飞，表面看来，秦桧胜利，岳飞失败，但恶名千古的是秦桧，万世崇敬的是岳飞。吴三桂引清兵入关，希图荣华富贵；史可法损其所有，在扬州抵抗清兵，最后舍身成仁。岳飞、史可法，为历史留下千秋浩气，万古英灵，而秦桧、吴三桂则落得遗臭万年的下场，他们分别在历史上留下了不同的人格表征。

人生在世，有其当为，也有其不当为。当为者，虽是赴汤蹈火，杀身丧命，也在所不辞；不当为者，虽高官厚禄，黄金、美钞，也应该拒绝，这种情操，要在青年时期中培养。在浩瀚无边的佛法中，在庄严宁静的道场里，可以长养青年的信心，以及升华青年的人格情操。

佛陀由于悲悯当时社会阶级的种种不平等，众生间的弱肉强食，毅然抛开王子的荣华，去寻找失去的人格尊严，历经六年的参访学道及六年的修习苦行，终于使佛陀的人格升华，使他成为不灭的真理、人间的慧光。青年们要升华自己的人格，就要依循着佛陀的足迹迈进。

五、净化我们的烦恼

我们生活于五浊恶世，为六尘境界所围绕，不是贪欲作祟，就是瞋恚鼓兴，愚痴邪见，颠倒是非。烦恼，像杻械枷锁一样，紧紧地束缚了人生。青年人由于思想未臻成熟，事业经济未有基础，就业的问题、爱情与婚姻的问题、家庭的问题等等，所面临的这些现实生活问题，使青年们常常被烦恼所苦。有的为了孝顺尊长，放弃自己的理想，成了传统下的牺牲品；有的迎合时代潮流，背弃家庭伦理，作了道德的叛徒。

家里有钱，但金钱不能驱逐烦恼；父母有势，势力也不能化解烦恼。八万四千烦恼，都是障道的劲敌。佛鉴禅师说："好嗜欲则贪爱之心生，好利养则奔竞之念起，好顺从则阿谀小人合，好胜负则人我之山高，好聚敛则嗟怨之声作。"有的青年因烦恼而自暴自弃，有的青年被烦恼击垮了自己，所以，净化烦恼，是青年急迫的问题。

佛法昭示我们，幸福大门时时为我们敞开，只要摒弃私我，淡泊欲念，建设服务的人生观，以出世的思想，做入世的事业，就可以从少欲知足中，领悟净化烦恼的法门，从佛法中，体悟使烦恼净化之道。

六、庄严我们的世界

一花一世界，一叶一如来，每一个人都有每一个人的世界。法藏比丘发四十八大愿庄严他的世界，终成为极乐净土；佛陀的弟子富楼那到蛮荒输卢那国去布教，便是希望把该国庄严成善良的社会。我们为什么要入学读书？为的是扩大我们知识的世界；我们为什么要精勤工作？为的是建设我们事业的世界；我们为什么要服务人群，为的是美化我们道德的世界；我们为什么要研习佛学？为的是庄严我们大我的世界。

庄严我们人格的世界，不是凭着幻想，也不是仗着空谈，主要是实践自己的慈心悲愿，不论是外境的金池宝地、亭台楼阁，或是内心的清净光明、无分别智，都应该努力去庄严。经典告诉我们：修桥建寺、布施救贫，是庄严外境的世界；尊敬别人、奉行威仪，是庄严自身的世界；恶念不生、正念清净，是庄严心灵的世界。梁朝傅大士云："庄严绝能所，无我亦无人，断常俱不染，颖脱出嚣尘。"《维摩经》云："欲净其土，先净其心，随其心净，即佛土净。"只要奉行佛教清净法，身心世界自会庄严。

七、探索生命的能源

由于能源缺乏，许多的科学家及工程师，有的飞往太空，希望在太空发掘能源；有的潜入海里，希望从海底取得能源，然而，更需要探索的是我们内心的能源！我们人人都有一个生命，但是生命的来源究竟是什么？所谓"生从何来？死往何去？"我们却一无所知。佛教教主释迦牟尼佛，是一位真正的能源专家，他对于生命能源的探索，已作了最佳的示范。

过去的高僧大德努力地拜佛、念佛，事实上，佛，无须我们来拜，更无须我们来念，只不过是借着拜佛与念佛来探索我们生命的本源。

父母生下我们，使我们有假体、假相，父母又为我们取了假名，成长后历经生老病死的过程，可是却不知道还有个不生不死真正属于我们自己的生命本源。所以禅宗祖师的参话头，参"念佛是谁？"、参"什么是祖师西来大意？"、参"父母未生前的本来面目？"为的就是寻找生命的本源，寻找自家的面目。

有一位禅师走到佛殿里，对着佛像吐了一口痰，旁边的同参责备他："什么地方不好吐痰，偏偏要往佛身上吐？"

禅师说："请告诉我哪里没有佛？我还要再吐痰！"

佛性遍满虚空、充满法界，一个经过了探索而达到目的的人，对自己的本来面目，就能有新的认识。

丹霞禅师也曾将佛殿里的木雕佛像，取来烧火，纠察师骂他何以如此大不敬，禅师说他是为了要烧舍利，纠察师说："你这人也太痴，这是木刻的佛像，怎能烧出舍利来呢？"

丹霞禅师便说："既然烧不出舍利，那有何用？再多拿几个来烧吧！"

真正认识佛的人，才是真正探索到自己圣贤的本源和境界之人。

佛教把向外追求的人称为"外道"，而佛教本身乃是向内探索的宗教，所以又称为"内学"。外道所追求的是心外之道、心外之法，这都只是一些枝末。以分别心追求而得的一般知识，在你知、我知的感受上，在在皆因人而异，而佛学是根本之学，能一通而百通，一了而百了。佛学并非以分别意识追求即能得解，还须经由内心的体证，才能真正地彻悟。覆盖在心中大圆镜智上的尘垢，经由佛法的拂拭后，就能显现光明，如实地映照出一切实相。

八、探索内心的宝藏

太阳的能源有限，海底的宝藏也有限，唯有内心的宝藏取之不尽、用之不竭。所谓"河沙妙德，总在心源"，我们是为了探求自己圣贤的本源而来，也是为了探索自己的佛性宝藏而来。世间人营求忙碌，总是希求荣华富贵，其实世间财宝，虚而不实，"富贵如同三更梦，荣华好比九月霜"，人为财死，比比皆是。如果我们能把追求世间财富的精神，用来开采内心的宝藏，所得到的才是真正的财富。青年要找到自己内心的宝藏，首先必须认识自我的真如本性。

九、追寻宇宙的真理

参加佛学夏令营，不是为了虚荣，以为来山学道，就不同凡响，也不是为了享乐，以为山中清风明月，自有快慰的感受。参加佛学夏令营，乃是为了追寻宇宙的真理而来。以前有一则广告标语是"我找到了！"这是一句令人深思的话，希望来参加佛学夏令营的青年，每个人回去后都能很肯定地说："我找到了！"究竟找到了什么呢？即找到宇宙人生的真理。什么是宇宙人生的真理？

在佛教中，凡被称为真理，必须具备四种条件：普遍如是、本来如是、必然如是、永恒如是。举例来说：我会死，你也会死，人人都会死，古今中外的人，有生必定会死，所以生死无常符合普遍如是、本来如是、必然如是、永恒如是的条件，因生死无常就是世间的真理。

以佛教的"因果论"来说，什么因就招感什么果，也是同样的道理。因果遍于一切事理，因果便是真理。如为什么要吃饭？因为肚子饿，这是"因"；为什么要睡觉？因为疲倦，这也是"因"。吃饭的结果如何？当然饱了，这就是"果"；睡觉的结果，是恢复精神，这便是"果"。所以，连最平常的吃饭、睡觉都在因果中，由此可见因果的普遍性、本来性、必然性、永恒性。

佛教的真理是什么？即业感、因缘、空性。下面分别说明：

1. 业感：人之所以生生不息，轮回不休，乃是由于起惑、造业、受报的结果。而人之所以有荣华富贵与贫贱困顿之差，也都是由于受到自业牵制的结果，并非什么神明所能赐予，更非上帝所能主宰；真正能掌握、主宰命运的，完全是我们自己。业的价值，便是自己的行为决定一切。业的意义，是非常自由平等的，一切都是自作自受，谁也改变不了。

2. 因缘：佛陀悟道，悟了什么道呢？即觉悟宇宙人生的一切，都在因缘、缘起法则当中。宇宙中的一切万法，也都仗缘而生起；一切法不能独自存在，一切法有其一定相互存在的关系。

我们生存在这个世间，每一天的生活，都要感谢因缘。譬如每餐所吃的饭，来自于商人贩卖的米，而商人贩卖的米，又来自于农民的耕种，而农民所播下的禾苗种子，则须依赖阳光、空气、雨水、肥料等因缘的集合，才能成长。一粒小小的米中，就包含了许多人的血汗辛劳及多种的因缘条件，可知来处不易，因此我们应该感谢因缘。

我们要搭车，必须有司机驾驶；要看书，必须有作者写作，出版社出版。在这宇宙之间，事事物物皆是由因缘才能相互依存。所以，任何事物，几乎都值得我们相互感谢，再三感恩。但是"因缘观"不属于知识论辩的范围，因缘必须从修证中，才能真正体验，才能真正了悟。

3. 空性：一提到"空"，有人就会想到"四大皆空"，然而四大皆空还不是真正的空，仍然还是"有"，为什么？因为还有"空"的观念，必须连"空"的观念都没有才可以。一般人对这样的空总是恐怖难信，好像什么都空了，什么也就没有了，其实空无的世界最富有，就像虚空一样，因为其空阔浩瀚，才能拥有山河大地，行星万象。

十、追寻大我的人生

世界上，无论男女老少、贫富贵贱，其生命的本体都是平等、永恒、无差别的，明白这层道理，就能体会菩萨何以能行无缘大慈及同体大悲的精神。如果我们能把自私小我的藩篱拆除，则男女老少都无所差别，你我他与所有的人都一样，生命的本体都是一而不二，就算死亡来临，也只死了肉体，死不了永恒的真我。

衣服破了，可换套新的衣服；身体坏了，也同样可换个新的色身。道理虽然相同，不过，当这个"我"搬家时，由于业力的不同，会有住体面的"高楼大厦"或微贱的"茅舍矮屋"之差别，但生命的价值是不二不异的。

明白了以上的道理之后，就能对人生的前途感到无限的光明，就会对未来的生命生起无穷的希望，这便是学佛带给我们的真正益处。如果能进一步追寻佛法的真理，则更能感受到青青翠竹、郁郁黄花，无非如来法身；潺潺流水，鸟啼莺叫，皆是如来说法，此即所谓"溪声尽是广长舌，山色无非清净身"。所以过去的禅师们，有的闻打铁声而开悟，有的见花落花开而见道，这也是十分自然的事了。

十一、扩大无限的心胸

虽然人类的色身很渺小，但是心胸、眼界，却能无限量地扩大。扩大，是做人处事很重要的原则。以学习来说，最初在家里向父母学习，然后到学校向老师学习，如今更进一步来佛学夏令营学习，这便是学习领域的扩大。唯有将心胸作无限的扩大，将眼界作无边的伸展，才容易达到人与人之间，人与事之间，或人与物之间的沟通及交流。

一个人心胸的宽窄，决定其一生事业的成败；放不下他人、排挤、嫉妒的人，只有孤立自己。原谅你的仇敌，佛说"冤亲平等"，这是多么伟大的心胸！叛逆者提婆达多三番两次地设计谋害佛陀，而佛陀始终认为这是逆增上缘，把他看成善知识。没有黑暗，哪有光明？没有罪恶，哪有善美？被人包容只是显示自己的渺小，能包容别人才是伟大的人物。能包容别人并不傻，因为心量有多大，未来的成功就有多大。

一般人的心胸，多半太过狭小：少年时爱父母，结婚后爱伴侣，而后爱儿女……为什么爱得那么少呢？俗云："宰相肚里能撑船"，可见得能为一人之下，万人之上的宰相，其度量也要比普通人大得多。但是学佛者，则要能更进一步的容天、容地、容一切众生，乃至扩大到能够"心包太虚、量周沙界"。

十二、扩大无边的眼界

一般人的眼光都很短视，尤其是现代的青年们，不但患近视眼的人很多，更严重的是患了心境的近视者更多。常常是看见了自己，就不能看见别人；看见了前面，就不能看见后面；看见了现在，就不能看见未来。

那么，如何扩大我们的心胸，放宽我们的眼界呢？在此举几个例子作为参考：

释迦牟尼佛曾至忉利天为母亲摩耶夫人说法，回到僧团时，弟子们争先恐后地去迎接，其中有一位神通第一的莲华色比丘尼，第一个到达佛陀面前，恭敬地说："佛陀，弟子莲华色第一个来迎接您了！"

佛陀却说："正在打坐思维空性的须菩提，才是第一个来迎接我的人。"

佛陀接着又说："能见到真理的人，才是真正的见到佛陀。你只是见到佛陀的色身，而须菩提此刻见到的是佛陀的法身；见到法身，就如同见到佛，所以须菩提是第一个迎接我的人。"我也常告诉佛光山的弟子，能认识我星云并没有什么了不起，最重要的是，能真正体会我创建佛光山的风格、宗旨、目标，那才是真正地认识我。

佛陀的十大弟子中，有位神通第一的目犍连尊者，有一次听佛陀说法，说到"如来说法，出广长舌相，遍满三千大千世界"时，心中有所疑问，于是以神通力，飞行至东方世自在王如来的佛国，想试试是否可以听到佛陀说法的音声。那时，世自在王如来正在说法，目犍连刚走进去，就被一位弟子伸手将他拈了起来，说："哪来这么一条黑头虫？"世自在王如来赶紧喝止了那位弟子，说："那是娑婆世界释迦牟尼佛的大弟子目犍连，为了想证实如来说法的音声是否遍满大千世界而来的。"接着便训斥目犍连："目犍连，怎能以你的心力来测知诸佛如来广大的境界呢？"其实，就以我们所知的电台广播，其音波就能到处宣流，更何况是如来说法呢？

有位读台大历史系的学生，他非常爱好爬山，他说："每次登上高山，在那巍巍的高山顶上，放眼一看，海阔天空，顿时就会感到自己的渺小，因而也就学得更加谦虚，更加放宽自己的心量。可是一下山，回到家里，即刻就感到苦恼。我的父母亲都是台湾大学的教授，却常和邻居吵架，吵的也只不过是：'你家的树叶怎么落在我家的院子里？你家的脏水怎么流经我们的水沟？'……"

像这样，当了教授，应该是很有学问、涵养，但有时候，世俗的分别知识，反而为我们带来更自私、更狭隘的人生，使得我们越来越会计较，也越来越钻向牛角尖里去了。唯有佛法，能使人生的境界扩大。佛法如大海，佛法如高山，所以无论是上了佛法的高山，或是下了佛法的深海，都能拓宽我们的眼界、扩大我们的胸襟。孔老夫子曾说："登泰山而小天下。"登上了佛法的高山，就会发觉，世间事有何值得费心斤斤计较的呢？

十三、信仰三宝的崇高

孙中山先生说："信仰就是力量。"所以人生必定要有信仰。有了信仰，就等于在坎坷的人生旅程中，有了拐杖，可帮助我们跋涉崇山峻岭；信仰又好像是生命的慈航，可帮助我们由凄苦的此岸，航向安乐的彼岸。

在信仰中，邪信是最不好的，等于以一盲引众盲，不但无法到达目的地，还会因而迷失方向。不信比邪信好，迷信比不信好，正信比迷信好。有些老公公、老婆婆，手里拿了一炷香，朝神像前一跪，嘴里就是喃喃不停，虽然有人说他们迷信，但是他们的精神却因此而有了依止处，而对生命展现出希望。当然，最好的还是正信。

如何拥有正信？即我们要信仰三宝的崇高及信仰自我的价值。我们常慨叹佛世距今已远，所谓"去圣时遥"，但是别忘了还有三宝的力量，时时在加被我们。三宝是佛、法、僧：

佛，如光。光有温暖、照耀、庇护的作用。佛也和光一样，佛陀的慈悲之光，温暖我们；佛陀的智慧之光，照耀我们；佛陀的福德之光，庇护我们。

法，如水。水有灌溉、洗涤、成长的作用。法也和水一样，法水能灌溉润泽禾苗；法水能洗涤祛除一切污秽；法水能成长滋润花木万物。

僧，如风。风有吹拂、流通、清凉的作用。僧也和风一样，僧宝的德风，可以吹拂众生；僧宝的德风，可以流通社会，僧宝的德风，可以清凉众生。

佛、法、僧，三宝的重要，好比阳光、雨水、空气（风），看来都很平常，实则缺一不可。"日光空气水，人生三件宝"；"佛法僧三者，出世之三宝"，无此则精神慧命难以成长，无此则心灵世界无以升华。

十四、信仰自我的价值

信仰伟大崇高的三宝虽然重要，但还不及信仰自己重要。如果问："佛是谁？""三宝是谁？"其实我们每一个人都是佛，都是三宝。此即"自性三宝"。释迦牟尼佛成道时曾说："奇哉！奇哉！大地众生皆有如来智慧德相！"所指的也就是自性三宝。

希望青年学子能从佛学夏令营中，开拓自己的智慧领域，寻求自己心灵的主人，寻找安顿生命的世界，升华自己的人格，净化自己的烦恼，庄严自己的世界，并从中探索生命的能源，探索内心的宝藏，追寻宇宙的真理，追寻大我的人生，扩大无限的心胸，扩大无边的眼界，信仰三宝的崇高，信仰自我的价值。

1969 年 7 月讲于佛光山大专佛学夏令营

工作与身心的和谐

人要怎样修行？也就是："困难的时候，到困难的地方去；
需要你的时候，到需要你的地方去！"这就是积极人生的态度，
也是工作上的成就，更是一种勇猛的修行方式。

现代的社会，很多人都有工作上的压力。我们要去除压力，因为我们不是为了受苦而生活，更不是为了盲目地忙碌而来工作。我们要生活在轻松、自在、欢喜、安乐当中，这才是人生的意义。

明白地说，人们大大误解了"苦"与"压力"，以为都是外来的原因所造成。其实人生要"不苦"，重要的是将承受压力当作是一种学习与历练，渐渐地，每一种苦遇到了你，都能迎刃而解，自然就能乐在其中。例如火车要有动力才能快跑，飞机要有动力才能起飞，人也要有相当的动力，生命的品质才能提升，心灵的境界才能打开。

但是，想要打开内心的窒碍，过自在的生活，还要有一些前提。很多人都不明白，什么样的观念行为，会招感苦的后果？又有什么样的观念行为，能招感乐的善果？如果观念与行为是一颗种子，那么，最重要的一点是：首先要有优良的种子，也就是要建立正向的

价值观，心中先为自己点亮一盏生命的明灯，这样，人人都愿意播下善美、优良的种子，接着能以欢喜心来耕耘。因为每一件事都是从欢喜心出发，由此自然解除了心灵的重担，将小我的人生，扩散到同体共生的认知里面去。

今天的主题是"工作与身心的和谐"，我想就以我本身对工作的态度、对"身心和谐"的看法，以及平常是怎么处理的一些心得，提供给大家作参考。

谈到工作，最重要的，就是要做得恰到好处。我提倡"人生 300 岁"，当然我活不到 300 岁。我是这样想的，我今年 77 岁，假如再活 3 年，就是 80 岁了。80 岁的人生，如果从我 20 岁开始真正的工作，到了 80 岁就整整做了 60 年。

在这 60 年的工作期间，我没有休假日，没有星期天，也没有过年或节庆。所以当别人正在欢庆、度假，而我比平时还要更忙。出家人的道业，生活起早待晚，我也练就了在工作里休闲、在工作里找乐趣的功夫。我不以工作为苦，所以几十年走下来，我自许一天能做 5 个人的工作。5 个人的工作，乘上 60 年的时光，我所说的"人生 300 岁"，就是这样来的。

我记得少年的时候，曾经阅读《三国演义》，看到诸葛亮在《出师表》里说道："受任于败军之际，奉命于危难之间。"这句话令我深受感动，因此也在我年少的心灵里，刻下了深深的印记。我觉得诸葛亮深懂"苦"的意义。当你在败军之际，"我来了！"我就很容易受到重用；你正在危难的时候，"我来了！"更能得到你的欢喜，让你感觉到我的重要。

静下心来观看，我们周边有不少的人，工作遇到了一些困难，就觉得未来的前途了无希望。其实你要知道，危难、不好的时候，我们参与进去，更加容易表现我们的能力、实现我们的理想。甚至不得已要转业，也许这转业的时机，正是人生更上一层楼的必要阶段。因此，我们应该认识工作的艺术，就像禅门里有句话说："冷，到冷的地方去；热，到热的地方去。"人要怎么样修行？也就是："困难的时候，到困难的地方去；需要你的时候，到需要你的地方去！"这就是积极人生的态度，也是工作上的成就，更是一种勇猛的修行方式。

我出生在江苏省江都县一个贫苦的小乡村。出生以后，没有家世、没有背景。我没有进过小学，甚至也没有进过幼儿园。我这一生，回头看看自己走过的路，只有感谢"因缘"，感谢好因好缘，甚至"逆增上缘"，感谢世间成就了我，所以我时时都想着要怎么样做到"滴水之恩，当涌泉相报"。佛光山设立了许多"佛光缘滴水坊"，原因也就在这里。

我并没有很好的条件，但是我想，既然我这一生都是众人的因缘所成就，我愿意回馈一些因缘给人间。假如要我讲话、要我服务、要我奉献、要我做事，只要我能够做到的，我都很乐意不辞劳苦地去完成。也因为"乐意"，往往在别人眼中十分艰苦的事情，在我心中却是快乐的泉源。

下面，我把自己的一生，以每一个十年当作一个阶段，分成八个时期向大家介绍。

第一阶段：从出生到 10 岁，成长的时期

第一个十年，这是童年成长的时期。虽然这时候什么也不懂，

家里也没有钱供给我读书，但我生来就有一个好的性格。什么性格？勤快的性格。虽然我是个小孩子，但我喜欢工作，诸如帮助家人拿碗筷、扫地、擦桌椅等，从小我就欢喜自动帮助做家务事，自然也会获得长辈大人的欢心。

我记得，每当家人外出工作，家里没有人，我就在家里打扫。有好几次，我把厨房炉灶里的灰，小心地扒干净，这在平时通常是没有人会特别注意到的角落。因为年龄还小，不会做事，弄得满灶台、满地面都是灰尘，但是我一点也不灰心，就慢慢地再把煤灰清理干净，好让大人回来一看："哦！好干净噢！怎么家里好像开光了一样，忽然变得这么干净、整齐！"虽然那时候只有七八岁，而我一再乐此不疲地这样做，为的就是希望减轻父母的负担，看到父母的欢喜。这也是我小时候快乐的来源之一。

正因为小时候有这样的经历，所以养成我一生勤劳的习惯。我想到自己能带给人欢喜，心里就很高兴。因此佛光山开山以后，我订定了四个工作信条："给人欢喜、给人信心、给人希望、给人方便"。我觉得有能力"给"人，这是一种幸福的种子，播下种子，才能收成更多的美果。你不播种，哪里能开花结果？你不播种，又怎么会有收成呢？

所以，"懂得付出，就是一种快乐"。尤其是新世代的青少年，因为父母给的物质很多，却没有教育孩子如何付出，造成孩子们只知道希望"获得"，却不懂得付出的美好，这就叫作"倒果为因"。换句话说，现代人得到了前所未有的丰富物质，可是却很难找到真正的快乐，难怪现代人罹患忧郁症的人很多。这最根本的原因，就是因为大家缺少正向的价值观作指导所致。我回忆自己的一生，从小就有勤于播种快乐的良好习惯，所以很容易满足于现实，也容易在很小的事情上，得到很大的快乐。正是因为养成这种勤劳、感恩的性格，对我后面的人生，帮助很大。

另外，童年的时候，我很爱护小动物。记得有一次，有一只小鸡被雨水淋湿了羽毛。很可怜，怎么办呢？天气又冷。当时我还是小孩子，不懂，就把它摆到炉灶旁边烤火，希望帮它赶快把羽毛烤干。哪里晓得，它看我动手动脚，一紧张，小鸡就跑到火里面去了。我赶紧伸手把它从火里抢救出来，我的手当然也被烫伤了，而它的羽毛也统统都被烧掉了，连带着嘴巴、下喙都烧坏了，只剩下上面的一半，从此它就再也无法啄米了。但是，我很细心地照顾它，虽然它残缺了，后来我还是把它养到可以生鸡蛋。因为这样，很自然地去爱护一只小鸡，也使我认识到"生命"的可贵价值。

我很庆幸从小就养成对人、对小动物的爱心，从爱心再升华就是慈悲心，有所谓"慈悲所到之处，没有敌人"。在中国民间，一向有"家家户户观世音"之说。为什么大家要把家里最好、最高的正厅，用来供奉观世音菩萨？因为她的大慈大悲。所以每当你担任一个工作，也是要对工作、对相关的人事有慈悲心的。如果你没有慈悲，当你遇到不欢喜、不耐烦的事情，就觉得工作不美好，甚至觉得工作对不起你。因此我就想到，大家这么多人在一起工作，要彼此尊重包容，才能合作愉快。基本上，就是要从慈悲心出发，大家真心相待，在一起就能相处自在。

很多人问我，佛光山那么多人，大家来自各方，贤愚不等、男女分别，还有年龄、地域以及其他各种的不同，为什么他们能够相安无事？我想，这是因为大家都有一颗慈悲心，也就是一个好的心意。人人都想到"我要待别人好"，如果别人待我不好，必定是我自己有问题，不要去怪别人。怪别人，他也不会听我的话，他也不会有所改进。只知要求别人，难免烦恼丛生。毕竟我们都是为了追求真理才来到佛光山，修行的第一要件就是修正自己的心念，遇到障碍，最有效益的方法就是反观自己，想想我是哪里不对？这样，自我的进步就比较快速。我想，每个人在最初人生观的建立，就应该把人我的关系作一个很好的协调与管理，例如感恩、慈悲、投入、帮助，凡事从光明面去思考等等。你的心地好，时时都祝福每一个人，等于一个好工厂，出产的就是"欢喜"的好产品。你心地不好，就会产生像"我恨你"这种污水，既是污水，想要净化还要费一番功夫，所出产的产品的品质也就不好。所以，有时候我们要先把自己心里的工厂管理好，别人做到什么程度，不是我能要求得了的。再说，有时候我们连要求自己都不容易，又怎么能轻易地去要求别人呢？

第二阶段：10 岁到 20 岁，学习的时期

我 12 岁出家。我是扬州人，照理说应该在扬州出家。尤其扬州的大寺庙很富有，我的外祖母也皈依过那里许多的大和尚。但是我想修道需要有苦行才好，我是一个贫苦家庭的孩子，我不要一出家就做公子、少爷，这等于是不劳而获地进入天堂一样，就算进去了，也不懂得"天堂"好在哪里。那时候正遭遇到南京大屠杀，之后，我陪同母亲出外寻找父亲，因为这样的因缘，我到了栖霞寺出家。

去的第一天，水都滚了，还没有米下锅，生活可以说十分拮据，

每天都要劳动，出坡劳务。但是我心里想，在这里出家很好，我可以接受苦的磨炼。中国人有一句话说："吃得苦中苦，方为人上人。"我如果不吃苦，光是享受，就像银行里的存款用完了，我就会更加贫穷。银行里的存款，就等于福德因缘，我可以慢慢使用。我还要努力地去累积福德因缘，我可以吃苦，就像刚才讲的："寒，到寒的地方去；热，到热的地方去"，苦，更要到苦的地方去。出家以后终于明白，原来所谓的"苦难"，才真正来临。为什么？工作上的苦还容易承受，遇到精神上、意志上、尊严上的挫折之苦，才是辛苦！我记得 15 岁那年要去受戒，我的年龄只有 15 岁，算是很小。一般受戒要到 20 岁以上才合格。我是不合格的，因为我的师父希望加速我的成就，让我快一点成长，也就让我去受戒了。

受戒，第一关就是要经过口试。第一个老师问："你来这里受戒，是你自己要来？还是你师父叫你来？"这个问题当然很好回答："是我自己发心要来的！"心想这样回答应该没有错。哪里知道，老师拿起藤条就是一顿打，打了几十下以后，金星乱冒，"奇怪啊？干嘛打我？"心里这么想着。

打过以后，他慢慢地说："你真大胆，没有奉师父的命令，自己就敢来受戒？太不尊重师父了！"对啊！是我说错了，确实该打。

轮到第二个老师，一样地问："你来这里受戒，是你自己要来？还是师父叫你来的？"打了一次，比较聪明一点，就说："老师慈悲，是师父叫我来的！"他又打。回答得很对，为什么又再打呢？打过以后，他说："假如师父不叫你来，你自己就不来了吗？"也对，都怪自己说话不够圆融，是该打。

再换一个老师，还是这句话："你来这里受戒，是你自己要来？

还是师父叫你来？"打了两次，又更聪明一点了："老师慈悲，师父叫我来，我自己也要来。"这个回答应该是没有错啊！他又再打。为什么？"你模棱两可，真滑头。"

打了三次，换了一个老师，问话不同了："你有杀生过没有？"我是去受戒啊！杀生罪业很重，当然回答："我没有杀生。""你没有杀生？你蚊子都没有打死一个？蚂蚁没有踏死一只？你在说谎嘛！"又再打！打！打！"对啊！我是在说谎啊！"我恍然大悟地承认自己想法不对。

又换了一个老师，还是同样一个问题："你杀生过没有？"刚才心里才承认的，只有从实招来："弟子有杀生过。""哎哟！罪过哦！罪过哦！"又再打。打了这么多次以后，心里终于明白了。于是再换一个老师，不管他问什么，"老师，你要打，你就打吧！"横竖我也不必回答了，都是要打嘛！

以上这些例子，看起来不合情理。但是，长大以后，我终于明白了，在佛门当中，这个叫作"以无理对有理"。在"无理"的前面，你都能服气、服从，将来在"有理"的时候，你还会不服从、不服气吗？所以，一个人先要能在无理之前接受委屈，要能服气。不过，受苦、受难、受穷都容易，要能"受气"，很难！有人为了 300 元交通违章罚款，他拿几十万元去打官司，为的就是"争一口气"，实在可惜，也没什么意思。这就像当你走在石子路上，其中一颗小石子被你踢到了，这时候没有必要费工夫与小石子对抗，前面的目标、旅程还很长远，人生很短暂，时间很可贵，"走过去"比较重要。

遇到一般的委屈，要能忍！我们中国人讲"积阴德"，其实，接受委屈也是积阴德的一种。你看，从古至今，例如韩信，曾受胯下之辱，他能承受这种非常的委屈，未来反而有力量完成非凡的任务。一个人委屈受得多了，自然也能够增福增慧。

台北汐止弥勒内院供奉一位肉身菩萨——慈航法师，在四五十年前承蒙老人家对我的爱护，把我当忘年之交。他的肚子很大，像个弥勒佛一样，有一次我去看他，他问我："你看，我的肚子这么大，你知道是什么原因吗？"我说："老师，我不知道。"

他就告诉我："原本我是很瘦小的体格，有一年，我在一个寺院担任戒师。戒期二个月忙完以后，他们分给我 80 块银圆。戒期过了，我们必须搬家，刚好来了一位同参，他就主动帮我的忙。搬家以后，我的 80 块银圆只剩下 15 块。不用讲，其余的钱是被他拿走的，因为再也没有别人知道我有这些钱了。讲或不讲呢？后来想到一个人的名誉很重要啊！我这一讲，我的钱还会再回来，但他的名誉可就毁了。所以我没讲，甚至又拿了 10 块钱给他。

他拿了这些钱以后，到处买东西。人家问他：'耶？你怎么这么多钱啊？你的钱从哪里来的？''慈航法师给我的。'听到人家这么说，我心里想：'这哪里是我给他的？'但还是不说。

这个人很坏，对我很不友好，比方说，我们在丛林里上厕所，厕所像一条鞭，等于军队排队一样，长长一条的排过去。有一天我忘了带卫生纸，就向隔壁的人借，结果他把用过的纸借给我，好坏啊！不过，他坏，我不跟他计较，我就这样忍耐下来。结果，从那时候起，我的肚子就大起来了。"以上就是慈航菩萨亲口告诉我的，他修行过程中一段忍耐、承受委屈的故事。

我深深体会到，在我们工作上也好，身心安住也好，乃至我们居家生活当中，"忍耐"，是很有力量的方法。忍，对大家帮助很大，忍，确实很重要。可能在你们各位心里想，忍，就是忍气、忍不平等、忍困难、忍受别人的欺负；忍，是不公平的，都是我吃亏！

其实不然，我一生的体会，忍是便宜，忍是智慧，忍是保障，忍是和平。忍，在佛教里有三个层次，第一个层次叫"生忍"。我要生活，我要生命，我要生存，就要"忍受"生活中的一切不如意。忍是什么意思？忍是认识，认识好坏，认识真相。忍是接受，这个世界无论什么东西，好的、坏的，来到我这里，我都要能接受。比方，你能承受挑 20 斤，我能承受挑 100 斤。你能忍耐 3 小时不休息的工作，我能忍耐 8 小时不间断地忙碌。甚至你赞美我，你诽谤我，我都能够承受。我不认为你给我一点批评就不能忍，我也不因为你给我一点赞美，就沾沾自喜。所以，我能承受，我能担当，我能负责，我能处理。无论什么好的事、不好的事，我都能处理，都能大事化小、小事化无，这样就增加了我们生活上的"能力"。我们要有能力化解大大小小的障碍，尽管天下纷扰，在我看来，什么严重的事也没有！我想，要维持生命和生活，学习"生忍"，这是很重要的一课。

"生忍"还不够，还要学会"法忍"。这里所说的"法"是什么？见到一朵花，我爱它，就把它摘下来，这就太没有修养了。见到一杯茶，赶快抢来喝，也太不顾人家了。这里太冷了，这里太热了，这个饭店的床铺太小了，给我的待遇太少了……一切"法"，也就是与你基本认知的观念不相符合，你都不能接受。但是，为了你的生活、你的职业、你要生存，虽然接触到你观念之外的事相，你也就必须接受！接受了，才有力量。

人家说："小不忍则乱大谋"，我认为"法忍"，就是对境界要能忍。一般说"讲时似悟，对境生迷"，讲的时候，"哦！我懂了"。可是，自己遇到境界来了，就受不了。我们平常所谓"修养"，就是在遇到境界的时候，也就是所谓的"压力"来临的时候，要能承受，要能化解，这就是生活上的修行。

忍的最高层次是"无生法忍"，也就是《般若心经》所讲的"不生不灭，不垢不净，不增不减……"《心经》一开始说的"观自在菩萨"，也可以看作观自己"自不自在"？乃至于"照见五蕴皆空，度一切苦厄……"这是更高的境界了。

我在第二个十年的学习期之中，就是无论遇到什么苦难，我都视为"当然的"。我是学生，老师不打我、不骂我、不教我，才是奇怪。他打我、骂我，给我委屈、给我难堪，这是当然的。因为我在学习啊！所以我这一生都没有感到不平。

其实，世间本来就是不公平的，例如现在世界上最高的诺贝尔奖，哪一个人得到诺贝尔奖，也是不公平。为什么？不见得每一个得到诺贝尔奖的人都是实至名归，还有人比他更好，比他更有资格，但是因为得奖的人因缘好、际遇好，诺贝尔奖就是他的，而不是你的！

因此，不要为世间上很多的不平而计较，"愿将佛手双垂下，摸得人心一样平"，尽管世间上很多的不平，在我的心里都很和平。我以"因缘法"之中的公平、和平、平等的心去对待世间，就不觉得有委屈，或是有什么困苦。所以，国际佛光会有一首佛光人共同遵循的四句偈，内容是这样的："慈悲喜舍遍法界，惜福结缘利人天，禅净戒行平等忍，惭愧感恩大愿心。"其中的"禅净戒行平等忍"，意思是无论修禅还是修净，最重要的目的就是要能修得内心平和、平静、平等、平安，这样从内心所散发出来的平等很重要。

谈到生活的修养，你们说是"工作与身心的和谐"，但是很多时候自己的身心都不能和谐！我要不病，能吗？我要不烦恼，能吗？我心里想要立即发财，能吗？我要爱情顺利、我要家庭幸福……，光是一个"要"字，而不顺着其中的"理路"来渐次完成，一切都不能啊！当外境不能让我们顺心如意的时候，身心就不和谐了！

佛门中有一位金代禅师，他很喜欢养兰花，所以在寺院里种了各式品种的兰花。有一天他要出远门，交代弟子说："替我在家好好爱护、照顾我的兰花啊！"徒弟当然听命地细心照顾！可是因为太紧张了，在浇水的时候，一不小心，把架子碰倒了，所有高贵的兰花盆，全都摔得支离破碎。徒弟心里想："这下不得了，师父一回来，不知道要怎么生气，不知道要如何处罚我呢？"

过了两天，金代禅师回来了，弟子怀着忐忑的心，向师父赔罪："师父，请您不要生气，弟子把兰花盆打坏了。"金代禅师了不起，他有一颗艺术的心，他说："我种兰花，是因为兰花芬芳，兰花的气质高雅，所以才种兰花来欣赏、来供佛，我不是为生气而种兰花的啊！"

这句话实在很妙！不是为生气而种兰花。所以各位在工作岗位上遇到什么难堪、难受的事情，要想："我不是为了生气而来工作的啊！"你可以转念想到："我是为了欢喜而来工作的。"这个境界更高。总之，人生是永远学习不完的，在遇到不平之事这方面，要学习"想当然尔"，一个"当然"，你就会心平气和了。

第三阶段:20 岁到 30 岁,参学的时期

我从小在大陆云游过很多的名山丛林,我在佛教的律下、教下、宗下接受了完整的佛门教育,也曾担任过乡村国民小学的校长。记得在中国的解放战争时期,我在学校里教书,几乎每天都是提心吊胆,把恐怖捧在手上过日子。白天,国民党的军队来了,他说"你是匪谍!"晚上共产党的队伍来了,他也说"你是国民党的特务!"我曾经被共产党的人抓去关了 10 天,出来以后又受了国民党 23 天的牢狱之灾。很幸运的,终于还是有人把我救了出来。

23 岁那年,随着僧侣救护队来到台湾,没有教界给我们支持,也没有政府来重视我们,我们像乌合之众一样,后来就各自分散了。当时我们的境况真是艰难,无论走到哪一个寺院,哪一个寺院也都拒绝收留我们。不要说"没有办法生存",就是想吃一碗饭,都很困难。感谢台湾佛学院的院长慈航法师喊出"抢救僧宝"的口号,终于还是把许多年轻有为的出家人,抢救了回来。

后来遇到妙果老和尚,当时他已七八十岁了,他亲自带我周游台湾很多的寺院,让我认识台湾的环境。为了报答他的知遇之恩,我在他的寺庙里帮忙拉车、担水、扫地、清洗厕所,甚至看守山林等。在这期间,发觉到人生勤劳、为大众服务,可以获得别人的认可和欣赏。

第四阶段:30 岁到 40 岁,文学的时期

我是江苏人,我没有什么长处,也没有语言的天才。你看,我到今天还是一口扬州话,学日语、英语,学是学了,学得不像啊!我

也不擅长佛教的梵呗唱诵。我们这次佛光山梵呗赞颂团，11 月 24 日晚上在上海大剧院表演。我说，五十几年前，我把大陆的梵呗带到台湾，现在我又把它带回来。意思是希望我们大家要重视交流，大家都是兄弟姐妹。

我不是擅于唱念的人，我的五音不全，既不会讲，又不会唱，那怎么办呢？写文章。写文章，我也没有学过。不过，在这里面有个广大的空间，我自己可以想什么、说什么，就写什么。当年胡适博士倡导去除八股文，倡导白话文的革命，我是受到很大的影响。承蒙许多人赞美《迷悟之间》写得简要明白，还可以领导开创时代的价值观。其实我是心里想什么，下笔就写，也不要把它形容得怎么美好，或是讲究对仗，只要把道理诉诸文学，所谓"表情达意"，表情表得好，达意达得好，就是好文章。《迷悟之间》我是写我自己，写我的心，我的心中所想的，我就把它写出来。我一天可以写 20 篇，因为不困难，想到就写，目前已经写了 1100 多篇了。

在这看守山林、默默无闻的青年时期，我投注了许多的热情在文学上面。我把这段时期叫作"文学的人生"。我在各家报纸的副刊、各种期刊杂志上写文章，我都是写一些佛教的散文或小说。例如《玉琳国师》，承蒙社会各界把它改编成广播剧、连续剧、舞台剧，甚至拍成电影。后来我就对我的学生讲，这也是一种生命的扩大，这也是另一种的人生。因为透过文章、小说，可以很容易让大众懂得佛法，只是当时佛教界的朋友常常笑我，说："星云啊！你学佛不好，又去搞什么文学？没出息！"

无论他们怎么说，并不能使我受到打击，因为在内心之中，我有一个信念，我觉得佛法就是要讲得让人听得懂。如果我讲得很高、很深，给人听不懂，就是受到大家的赞叹与尊敬，但是没有用啊！假如今天我要讲得给你们听不懂，这是很容易的事。但是要讲给你们听得懂，这是很困难的啊！我很用心的，就是要把佛法讲得给人听得懂，这是我一生非常努力的目标。

第五阶段：40 岁到 50 岁，历史的时期

"文学的人生"，经历了一段时间，也结交了许多文学界的硕学。后来我的老师告诉我一句话："文学，雕虫小技啊！出了家，不行的啊！要把人生重新规划一下。"既然老师这样说，我便从善如流，所以 40 岁之后，我就把它订为"历史的人生"。

历史的人生，就是人在一生中要有历史，所谓"立功、立德、立言"三不朽。在佛教里就是要能做一番事业，要为佛教贡献心力。所以后来我致力于弘法，广度青年学佛，为社会大众服务。

为了写下历史的人生，这时候，我想到应该创立道场了。过去我不想建寺庙，因为我年轻时就立愿要从事社教工作，我不要建寺当住持。后来因为有不少青年要跟随我出家，我不能没有地方让他们安住，也不能没有地方让他们受教育，所以后来我感觉自己应该要负起责任，要当仁不让。因此，我首先创办佛教学院，接着又成立了佛光山教团，制订章程办法，让佛光山成为一个有制度、有内涵的佛教道场，让人间佛教走向社会、走向家庭、走向生活。

第六阶段：50 岁到 60 岁，哲学的时期

建设了佛光山之后，来了好多大专青年参加佛学夏令营，又有好多青年出家修行，乃至社会上各阶层的人士都上山来学佛，所谓

"追求真理登净域，为学佛法入宝山"，人们真正了解了生命并不只是追求生活上的满足而已，大家都明白了精神上的提升更重要。

慢慢觉得还是不够，应该要有"哲学的人生"。因此后来我应各界邀请，就专讲人生、宇宙的问题，或者讲佛教的真理。什么是真理？这是要探讨、深研的。人家说，真理要从"开悟"来印证。我有没有开悟？我不敢说。不过，我真的知道我安心了，对于身心的调和，我非常安住。

我一生曾遭遇无数的困难与挫折，我也曾跟人当面争执、辩论过，但都是为了佛教、为了大众。事实上我也承受了很多的欺负、难堪、委屈，包括不实的诽谤。可是，对我没有影响。我眼看他人的起落，想想，人生也不过如此而已。我觉得能活到今天，生命很有意义。所以，一个人的跌倒、失败，在所难免。但是如果站不起来，归根结底，是自己打倒自己。只要自己健全，所谓"失败乃成功之母"，挫折反而能激励人更上一层楼。只要心存善念，一心利人，因果不会辜负人的。

过去在年轻的时候，因为看不懂专书，就专看一些小说，像中国的《封神榜》《水浒传》《三国演义》《岳飞传》《七侠五义》……无所不看，这些历史名著，让我增加很多文学的概念。到了后来，东、西方哲学也都涉猎一些，有了眼界开拓之后的比较，尤其感觉到佛学打开了我的思想领域，让我在法海里，感到很悠游、很快乐。

我到 50 岁的时候，才慢慢觉得，这正是"哲学的人生"。

第七阶段：60 岁到 70 岁，伦理的时期

到了 60 岁，忽然慢慢感觉到，这世间不是我一个人的，虽然我收徒纳众，我觉得应该要有一个"伦理的人生"。什么伦理？家庭

的伦理、工作的伦理，此外，还要有社会的伦理。伦理就是人间的次序，人与人，有性别的不同、有思想的不同、有目标的不同、有利益的不同，在这么多的"不同"里面，应该建立一个"同"，这个"同"，就叫作"次序"。

比方说，敬老尊贤、孝顺父母、和睦朋友，这些事情如果不去实践，也都只是空洞的理论而已。我提倡人间佛教，应该要有人间的性格，一切从"人"做起，更近一点地说，应该从"我自己"做起，"我"应该慢慢把这些道理付诸实践。所以我在佛光山的教团里，像军阶一样，设立清净士、学士、修士、开士等"序级制度"。这些制度可以让团体在许多的"同"之中，串连成一个有力量的"圆"。

我在佛光山这么多年，觉得徒众的父母很了不起，他们好不容易把儿女养育到大学毕业，眼看着可以赚钱、养家活口，却忽然来跟我出家了，对他们来说，这不公平啊！建立伦理次序，为的就是要平等。所以我在佛光山成立一个"亲属会"。每一个徒众的父母跟我是平等的，我叫他们"亲家"。现在我们在佛光山，很多徒众的父母，年老了，他不要依靠在家的儿女，他的心、他的人，都可以回来佛光山安养。

因此，现在我跟在家徒众、出家徒众的父母，在伦理之下，都是一家人。我觉得一个寺庙，应该慢慢走向社会、走向家庭。所以，我也设立养老院、育幼院，为的是解决现代社会所衍生的伦理问题。

第八阶段：70 岁以后，佛学的时期

经过了前面七个时期，到了 70 岁以后，才慢慢体会"佛心"。佛学，过去懂的好像都是一些皮毛，都是经典上的文字。我从 70

岁以后，确实自己也敢在你们面前说：我对"佛"是有所体会的。

　　过去每年农历的十一月，在寺院里主持"佛七"，几十年一句"阿弥陀佛"，念了一生。"阿弥陀佛"这四个字，意义是"无量寿、无量光"。无量寿，就是超乎时间，是生命的永恒。无量光，就是超乎空间。什么东西能超越时间与空间？那就是真理的光明。你念佛要能把一句"阿弥陀佛"念出体会、念出光明来，那才是真正的念佛！

　　其实，一句"阿弥陀佛"，四个字不容易念！要念得熟，念到像背书背得很熟一样，今天可以念，明天也可以念。有的人念《心经》《大悲咒》，念了几十年以后，念熟了，你不必刻意，自然就从心中涌出，因为你"熟"了。念佛也是一样，要念"熟"了，一句"阿弥陀佛"，好像跑步，马上流汗发热。你坐在那里不动，一句"阿弥陀佛"，那是全部身、口、意的精神力量，从心里像开矿一样地开采出来，要觉得它是我的生命，它的价值无限，等于把我的本性挖掘出来一样。念佛是很辛苦的，但只要你每天照着这个方法，把它念下去，念熟了，必然感受不同。

　　很多人修行，没有建立正确的观念。有的人，听到批评自己的一句坏话，他可以记上好几年。旁边的人即使再讲一百句好话，都没有用，他就是听不进你的好话，心想还是执着"他怎么可以这样讲？"别人说："不是这样的，是误会啦！"他还是不听。你说，我们有没有这种毛病？"好话听不进，坏话忘不了"，那又怎么能快乐呢？

　　我觉得现代的人，很可怜！透过电视、网络、媒体，不一定想要的见闻觉知，无孔不入地侵袭进来，大部分人都缺乏防护、过滤、筛检、提炼的能力，对于无形中接收到的信息，不但不能自我解套，反而被无中生有的无明、烦恼束缚，好像牢房里的囚犯一样，自己就在框框的牢房里，自我关闭一生。人要解脱束缚，一定要靠自己。

过去有一个总经理，老是发脾气，自己也知道脾气不好。后来为了改脾气，就制作了一块木牌，挂在身上，上面写着"戒瞋怒"。

有一天，无意中听到部属私下在谈论他："我们总经理什么都好，可惜就是脾气不好！"他一听，忍耐不住，随手拿起身上的牌子，就往那个干部头上砸去，边砸边说："你胡说！我脾气已经在改了，怎么还要说我的脾气不好？"虽然口说要改，但是修行的功力不够，境界一来，又被迷惑了。

所以，一个人能够知道自己的短处，这是很了不起。能知道惭愧，就是很大的进步。更重要的，要让自己的身心能和谐。我们的身心为什么不能和谐？有时候，因为一个人，我不喜欢；因为一件事，我挂冠求去；因为一句话，我恼羞成怒。"心"，受到了外境所动摇，就不能像观世音菩萨一样的"观自在"。"观自在"，这个名称很好，大家每天可以观看"自己在不在"？有人问我拿念珠做什么？"念观世音菩萨。"人人拿念珠念观世音菩萨，那么，观世音菩萨手里也拿念珠，她念什么啊？"念观世音菩萨啊！"为什么自己要念自己呢？"求人不如求己啊！"所以，我们如何对工作能够欢喜、投入，对我们自己的情绪能够和谐、自在，我想，如何能够先"找到自己"，这是很重要的前提。

在佛光山，我们很重视"给人信心"的实践，大家工作不是为了薪水待遇而工作，我们是为了尊重、服务，为了给人信心而工作。就像军队想要打胜仗，首先要有信心。作为人民公仆的官员，对国家更要有信心，才能把国家治理得好。每一个人都要对自己有信心，才能在做人处事上圆满。生活在世间，不只是要建立自己的信心，还要进一步地去建立他人的信心，那更是功德无量之事，有时候比去救一个人还重要。

有一个人很会下棋，就在正门挂了一个牌子"天下无敌手"！左宗棠带兵出战，看到"天下无敌手"，就去跟他下棋，结果对方三盘皆输。左宗棠说："牌子可以拿下来了吧！三盘都输，怎么可以叫'天下无敌手'呢？"

没多久，左宗棠打了胜仗回来，一看，嗯？怎么"天下无敌手"的牌子还在？就问他："你的牌子怎么还挂在那里呢？"对方说："请将军再来对弈一局如何？"结果左宗棠连输三盘，心中正纳闷，对方说："将军前次即将出战，我不愿意杀您的锐气，所以输给您。现在您打胜仗回来，情况不一样了，所以我就不再手下留情了。"这位高人，明白什么时候该赢、什么时候该输。而且有时候输即是赢，赢即是输，他这才是真正的高明。

这就是为了给人信心，让你一下，可以让你凯旋而归。

有时候我们对家人、朋友、亲戚，要给他们一点信心。像现在的社会，自杀率不断攀升，很多人失业了，对自己失去了信心。如何重新燃起对自我的信心？人最好从小就要培养乐观的精神、积极的态度。其实，人生只要奋发、向上，世间并没有不能解决的问题。自杀的人认为"死"才能解决问题，其实人死了，问题并没有解决，他只是把问题留给别人，这是很缺德、很残忍的事。

人，有幸来到人间，便是一种学习的过程，任何人都要勇敢地面对自己的问题，才能彻底解决问题。所以，我们对于身心、情绪，都要学习处理，再怎么难堪的事情，别人对我不好，甚至骂我，我都存着感谢的心，"感谢你，替我消灾，给我忏悔的机会"。人只要懂得一个"转"字诀，将黑暗的想法转为光明，这便是生命的真义。在佛教的看法，人，也唯有认识了烦恼之后，才能将之转为菩提智慧，转过来以后，人生的境界就会海阔天空。

现在台湾各地都有念佛共修会，怎么样念出力量来？甚至如何让身心调和？这是要靠自己，不要光靠别人来安慰我。别人的安慰只是一时的，只能一次，他不能天天来安慰我、时时来安慰我！所以一定要靠自己有力量，将自己的心，念成像佛菩萨一样光明慈悲的心，这种境界是谁也抢不走的。

如何让自己有力量？像是读好书，充实自我的知识、涵养，增加欢喜、乐观的心情，看得开、放得下、能忍耐、知惭愧、懂感恩，有很多很好的方法，都能帮助我们增加力量。

有一个关于"力量"的例子。一位老和尚教人念佛，他解释念佛怎么好、怎么好，又怎么样的能开发自我的力量。有一个年轻人听得不耐烦，对老和尚说："念佛、念佛，念什么佛啊？'阿弥陀佛'只有四个字，哪有那么多的好处？又哪有那么大的力量？"老和尚心里想，对这个人讲理，等于对牛弹琴，说理不容易懂啊！他也很机智，就对着年轻人说："你在讲什么啊？混蛋！"年轻人一听，马上卷起袖子，一副要打架的样子，对着老和尚怒气冲冲地说："怎么？出家人还骂人啊？"

老法师这时候，心平气和地说："你看！'混蛋'才两个字，就有这么大的力量，'阿弥陀佛'有四个字啊！怎么会没有力量呢？"年轻人一听，也觉得很有道理。

一个人的力量，不一定要从外面来，也可以从自己的内心开发出智慧力、忍耐力、精进力、禅定力。佛教有六种方法，就像飞机可以飞越陆地与海洋那样，可以超越许多障碍。第一是布施，带来广结善缘的力量，同时可以超越悭贪的障碍。第二是持戒，带来规范自我的力量，同时可以超越身心不自在的障碍。第三是忍辱，带来广大和平的力量，同时可以超越瞋怒的障碍。第四是精进，带来快速进步的力量，同时可以超越懈怠的障碍。第五是禅定，带来身心安住的力量，同时可以超越散乱。第六是智慧，带来明辨是非善恶的力量，同时可以超越无明愚痴的障碍。智慧的双眼打开了，有了正见与光明的目标方向，对于工作与身心的和谐，不只能够调适到最中道的标准，当然也就不用再去依靠别人的安慰了。

在禅宗里面，有一句话说："平时一样窗前月，才有梅花便不同"，佛法用得恰到好处，就像是"梅花的香味"一样，整个的人生，格调都提升了。所以说，"有佛法就有办法"，主要就是让我们自己心中有一股力量，信仰的力量、智慧的力量、禅定的力量……当你学会了佛法里面的"十八般武艺"，自然就有本事走遍天下了。

最后，祝福大家生活健康如意。

2003 年 11 月 28 日讲于中华航空公司